安部恭子
稲垣孝章
［編著］

# 「みんな」の学級経営

伸びる つながる

1年生

東洋館出版社

# 目次 CONTENTS

## 「みんな」の学級経営 伸びる つながる 1年生

### プロローグ

**学級経営を学ぼう** …… 005
[小学校の学級経営] 学級経営の充実を図るために …… 006
[1年生の学級経営] 「出会いづくり」「人間関係」「環境づくり」を大切に … 014

### 第1章

**ちょっとひと工夫！**
**1年生の教室環境づくり** …… 017

入学式当日は、温かい教室掲示を！ …… 018
教室全体のレイアウト …… 020
机の整頓アラカルト …… 022
通年掲示のポイント …… 024
更新する掲示のポイント …… 026
子供たちの作品掲示のポイント …… 028
学級のオリジナル掲示をつくろう …… 030
楽しくきれいに！ 1年生の清掃指導 …… 032
写真で分かりやすく！ ロッカーの整理方法 …… 034
靴箱整理と傘立て指導で学校をきれいに！ …… 036

### 第2章

**これで完璧！**
**1年生の学級づくりのコツ** …… 039

入学式パーフェクトガイド！ …… 040
心の通い合う学級のスタート！ …… 042

# 目次

子供同士で自己紹介！ …………………………………………… 044
学級目標を決めよう！ …………………………………………… 046
朝の会・帰りの会の基本 ………………………………………… 048
生活指導は分かりやすさが一番！ ……………………………… 050
1年生への褒め方・叱り方 ……………………………………… 052
何よりも安全第一！　登下校の指導 …………………………… 054
子供が日直の仕事に進んで取り組む工夫を …………………… 056
みんなで協力！　給食当番 ……………………………………… 058
達成感を味わわせる！　係活動の極意 ………………………… 060
学年だより・学級通信のつくり方の基本 ……………………… 062
みんなワクワク！　席替えの仕方 ……………………………… 064
保護者との信頼関係を築く学級懇談会 ………………………… 066
1年生の健康指導が土台をつくる ……………………………… 068
家庭との連携を深める連絡帳のつくり方 ……………………… 070
みんなが活躍し、思い出に残る遠足 …………………………… 072
楽しもう！　初めての運動会 …………………………………… 074
成功させよう！　初めての学芸会・音楽会 …………………… 076
所属感を深める！　1年生を迎える会 ………………………… 078

## 第3章

## 子供たちに学ぶ楽しさを！
## 1年生の授業のコツ …………………………………… 081

[授業に入る前に　Check Point]

鉛筆指導 …………………………………………………………… 082
姿勢の指導 ………………………………………………………… 084
ノート指導 ………………………………………………………… 086
[国語科] ひらがな指導は基本に忠実！ ………………………… 088
[国語科] 読み聞かせは「本好き」への第一歩 ………………… 090
[国語科] 定番教材「おおきなかぶ」の授業 …………………… 092

| ［算 数 科］10までの足し算　全員が分かる基本指導 | 094 |
| ［算 数 科］時計の指導「ペアやグループ学習で参加型」 | 096 |
| ［算 数 科］計算ドリルの進め方の基本 | 098 |
| ［生 活 科］学校探検はサプライズを！ | 100 |
| ［生 活 科］校外学習をした体験を発表しよう | 102 |
| ［音 楽 科］歌唱指導の基本 | 104 |
| ［図画工作科］自分の作品を大切に「作品カード」 | 106 |
| ［体 育 科］体育の基本ルール | 108 |
| ［体 育 科］水泳指導のコツ | 110 |
| ［道 徳 科］思いやりの心を育む | 112 |
| ［特 別 活 動］ここがポイント！　学級活動 | 114 |
| ［特 別 活 動］学級会の進め方　1学期編 | 116 |
| ［特 別 活 動］学級会の進め方　2学期編 | 118 |
| ［特 別 活 動］学級会の進め方　3学期編 | 120 |

## 第4章

# 1年生で使える「学級遊び」　123

クイズあれこれ　124
おにごっこあれこれ　126
歌遊びあれこれ　128
雨の日遊びあれこれ　130
じゃんけん遊びあれこれ　132

編著者・執筆者一覧　134

## プロローグ

# 学級経営を学ぼう

小学校の学級経営

# 学級経営の充実を
# 図るために

文部科学省 初等中等教育局
教育課程課 教科調査官　**安部 恭子**

## 1　学級経営をどう考えるか

　今回の学習指導要領は、全ての教科等が資質・能力で目標や内容を整理しているのが大きな特徴となっています。特別活動の場合、これまでも大事にしてきた人間関係形成、社会参画、自己実現の三つの視点をもとに作成しています。小学校の総則と特別活動にはこれまでも学級経営の充実に関する表記がありましたが、今回、教科担任制である中学校の総則と特別活動にも学級経営の充実が示されました。

　学級経営が大事なのは分かっているけれど、どんなことをすればよいのか、どう充実させればよいのかということを先生方はお悩みになっているのではないでしょうか。子供たちの教育活動の成果が上がるように、学級を単位として諸条件を整備し、運営していくことが学級経営であるととらえると、子供たちの人間関係をよりよくつくることも、環境整備も、教材を工夫することも、日々の授業をつくっていくことも学級経営の重要な内容であり、多岐に渡ります。ここが問題かなと思います。

　今回の学習指導要領では、根本のねらいとして、子供たちが自らよりよい社会や幸福な人生を切り拓いていくことができるようにするため、必要な資質・能力を育むことがあげられています。ですから、**学校生活において、子供たちが自らよりよい生活や人間関係をつくっていく基盤となるのが学級経営の充実だと、私はとらえています**。大切なのは、どんな学級生活・学級集団を目指したいのかという教育目標を、先生がしっかりともつことだと思い

ます。自分の理想だけを考えていると現実と合わなくなってしまいますから、目の前の子供たちの実態を見据えながらどんな資質・能力を育みたいかを考え、学級の教育指導目標を立てていくことが大切です。

年度当初の計画において重要なことは、学年としてどのように指導していくか、共有化していくことです。しかし、学校教育目標や学年目標を共有化して共通理解を図って指導しようとしても、学級によって子供たちの実態は異なります。1年生から2年生に上がるという点は同じでも、これまでの学級生活が異なることから、各学級ではどうしても違いがあります。

そのような中で、今までみんなはこういう生活をしてきたけれども、「これからは2年〇組として一緒の仲間だよ」と子供たちに考えさせていくためには、子供の思いや保護者の願い、そして担任の指導目標を踏まえた学級の目標をしっかりとつくり、目指す学級生活をつくるために「みんなはどんなことを頑張っていくのか」ということを考えさせないといけません。「こういう学級生活をつくりたいな」「こういう〇年生になりたいな」という思いをきちんと年度当初にもたせないと、学級目標は単なる飾りになってしまいます。学級活動では、「〇年生になって」という題材で、自分が頑張りたいことを一人一人が決める活動がありますが、例えば2年生なら、単に「算数科を頑張る」「生活科を頑張る」ではなく、**一番身近な2年生の終わりの姿を子供たちに見通させ、その上で今の自分について考え、どう頑張っていくかを子供たち一人一人が具体的に考えるようにします**。このことがなりたい自分やよりよい自分に向けて頑張っていける力を付けていくことになり、自己の成長を自覚し、自己実現にもつながっていくのです。

## 2 人間関係形成と課題解決力育成のために学級経営が果たす役割とは

平成28年12月の中央教育審議会の答申において、「**納得解**」を見付けるということが示されています。このことと特別活動・学級経営との関わりは大きいと思います。平成29年11月に公表されたOECDの学力調査でも、日本の子供たちの協同して問題解決する力は世界で2位でした。身近な生活を

見つめて、自分たちの学級生活や人間関係をよりよくするためには、どんなことが問題なのか、どうすればよいのかに気付き、考える子供を育てる必要があると思います。低学年では、まずは「みんなで話し合って、みんなで決めて、みんなでやったら楽しかった」という経験がとても大切です。そこから自発的・自治的な態度が育っていくのです。本音で話し合える学級をつくるためには、本音を言える土壌をつくっておかなくてはなりません。担任の先生が、一人一人が大事な存在なのだと示し、支持的風土や共感的土壌をつくっていくことが大切です。また、子供たち同士の関わりの中で、他者との違いやよさに気付き、我慢したり、譲ったり、譲られたり、といった集団活動の経験を積み重ねていくことが必要です。

　子供たちにとって、学級は一番身近な社会です。家庭から幼児教育の段階、小学校の段階とだんだん人間関係が広がっていき、子供たちは、自分とは異なる多様な他者がいるのだということや協働することの大切さを学んでいかなくてはなりません。そのために、新年度において担任と子供の出会い、子供同士の出会いをどのように工夫して演出し、どのように人間関係をつくっていくかということがとても大切になってきます。

　学級活動で言えば、例えば「どうぞよろしくの会」や「仲よくなろう会」など、お互いのことを知って人間関係をつくっていけるような活動を、子供たちの話合い活動を生かして意図的・計画的に組んでいくことが必要だと思います。また、教室に入ったときに「これからこの学級でやっていくのが楽しみだな」と思うような準備をするとよいでしょう。例えば、先生と子供、子供と子供で、お互いの名前が分かるような掲示を工夫するとよいと思います。**私は4月の最初の日だけではなく、毎日必ず黒板に子供へのメッセージを書いていました**。出張でどうしても帰ってこられない日は無理ですが、それ以外の日は、詩を書いたり、前日の活動やこれから行う活動のことについて、「こういうところを頑張ったね」「こういうことを頑張っていこうね」ということを書いたりしました。最初の出会いづくりを工夫し、子供たち自身が学級に居場所を感じて愛着をもてるようにすることを目指したのです。

　また、特別支援学級に在籍している子供でなくても、支援が必要な子供は学級の中にたくさんいるでしょう。例えば、問題行動を起こす子供がいた場

合、その子供自身が一番困っているので、そこをきちんと理解してあげることが大切です。また、その子供に合った合理的配慮をしたり、ユニバーサルデザインなどの視点で環境整備をすることも大事です。そして何よりも、集団生活においては、周りをどう育てるかがより大事なのです。もちろん個人情報に関わることは伝えてはいけませんが、この子供はこういうことは得意だけれどもこういうことは苦手なのだというような特性を、子供たちが分かって接するのと分からないで接するのとでは、全然違うと思います。

　また、日頃しゃべらない子が、ある2、3人の子供とは話すことがあります。そういうことを先生がきちんと見取って、グループ分けするときに配慮することも必要です。先生だけが知っているのではなく、子供たちがお互いのよさを分かり合えるような機会をつくってください。いつも仲よしだけで遊んでいるのではなく、**お互いを知り、よさに気付き合い、頑張り合ってクラスの仲が深まるような活動を、ぜひ学級活動でやっていただきたいと思います。**

　子供たち自身に「このクラスでよかったな」「自分はこの学級をつくっていくメンバーなんだ」という意識をもたせるためには、学級担任の先生が子供たちのことが好きで、学級や学校への愛着をもつことがまず必要ではないでしょうか。日本の先生方は、大変きめ細かく子供たちのことをよく考えて指導しています。朝は子供たちを迎え、連絡帳や学級通信、学年だよりなどを通して保護者との連携を図り、学年同士のつながりも考えて、先生方は子供たちのために一生懸命取り組んでいます。そういうところは、本当にすばらしいと思います。

　先生方には、本書や『初等教育資料』などを読んで勉強したり、地域の教育研究会やサークルなどを活用したりして、共に学んでいく中で自分の悩みなどを言い合えるような人間関係をつくっていくとよいと思います。

## 3　教科指導と学級経営の関係性

　学級経営は、「小学校学習指導要領解説　特別活動編」に示されているように、学級活動における子供の自発的・自治的な活動が基盤となりますが、特別活動だけで行うものではありません。**教科指導の中で学級経営を充実さ**

**せていくことも大切なのです**。結局、子供たちによい人間関係ができていなければ、いくら交流しても学び合いはできません。例えば発表しなさいと言っても、受け入れてくれる友達や学級の雰囲気がなければ発言しようという意識にはなりません。友達の意見をしっかりと受け入れて理解を深めたり、広げたり、考えや発想を豊かにしたりするためには、それができる学級集団をつくっていかなければなりません。低学年であれば、まず「隣の人とペアで話し合ってみようね」「グループで一緒に意見を言ってみようね」などといった段階を経験させておくことも大切です。

　教科指導の中で大事なものに、**学習規律**があります。例えば、自分の行動が人に迷惑をかけてしまう、また、この授業は自分だけのものではなく、みんな学ぶ権利があって、しっかりやらなければいけない義務があるというようなことを、子供自身が自覚し、自ら学習に取り組むことができるようにしていかなければなりません。

　そして、友達が発言しているときは途中で勝手に割り込まない、相手を見て最後までしっかり聞く、という基本的なことは学習における最低限の約束なので、学校として共通理解を図り、共通指導を行っていくことが望ましいでしょう。これは生徒指導とも大きな関わりがあります。

## 4　特別活動における基盤となる学級活動

　学習指導要領では、特別活動の内容として**〔学級活動〕〔児童会活動〕〔クラブ活動〕〔学校行事〕**の四つが示されています。前述のとおり、特別活動は各教科の学びの基盤となるものであり、よりよい人間関係や子供たちが主体的に学ぼうとする力になると同時に、各教科の力を総合的・実践的に活用する場でもあります。そういう点で各教科等と特別活動は、往還関係にあると言えます。特別活動の四つの内容も、各教科等と特別活動の関係と同じように、学級活動での経験や身に付けた資質・能力がクラブ活動に生きたり、クラブ活動での経験が児童会活動に生きたりといった往還関係にあります。その中で基盤となるのが、学級活動です。

　学級活動については、学級活動（1）は子供の自発的・自治的活動、つま

り学級の生活や人間関係の課題を解決していくために話し合い、集団として合意形成を図り、協働して実践すること、学級活動（2）は自己指導能力、今の生活をどう改善してよりよい自分になっていくか、学級活動（3）は現在だけではなく将来を見通しながら今の自分をよりよく変えて、なりたい自分になるため、自分らしく生きていくために頑張ることを決めて取り組んでいけるようにします。**学級活動は、このように（1）と（2）（3）では特質が異なるため、特質を生かしてしっかりと指導していくことが必要です。**

　学級は子供にとって毎日の生活を積み上げ、人間関係をつくり、学習や生活の基盤となる場であり、そこから学校を豊かにしなければいけません。学級生活を豊かにするためには、目の前の子供たちを見つめ、どういう実態にあるのかをしっかりと把握し、どんな資質・能力を育んでいくのかを先生がきちんと考えることが必要です。

　今回の学習指導要領では、活動の内容として、（3）が新たに設定されました。いろいろな集団活動を通して、これらを計画的・意図的に行っていくことが必要になります。

　学級活動（1）で、議題箱に議題が入らないと悩んでいる先生が多くいらっしゃいます。これは、子供自身に経験がないため、どんな議題で話し合ったらよいか、その発想を広げることが難しいのです。学級会の議題を出させるためには、例えば、「上学年のお兄さん、お姉さんに聞いておいで」と指示したり、「先生は前のクラスでこんなことをやったよ」ということを話してあげたり、教室環境を整備したりといった取組が考えられます。各地の実践を紹介すると、「学級会でこんなことをやったよ」と、全学年、全学級の学級会で話し合った議題を提示している学校があります。また、ある学校では、教室に入ってすぐある掲示スペースに、次の学級会ではこんなことを話し合いますという学級活動のコーナーをつくり、子供たちがすぐに見て情報共有できるような工夫をしています。このような創意工夫が、子供たちが生活上の問題に気付く目を育てるのです。

　また、**学級活動における板書の役割はとても大きいのです。**よく、「思考の可視化・操作化・構造化」と言いますが、構造化とはパッと見て分かるようにすることですから、意見を短冊に書いて、操作しながら分類・整理して

比べやすくしたり、話合いの状況や過程が分かるようにしましょう。こうした力は学級活動だけではなく、教科の学習でも生きてきます。

　学級活動の（2）（3）においても、「今日は1時間、こういう学習を経て、こういうことを学んだ」ということが板書で明確になっていないと、子供たちの学びは高まりません。ある地域では、<u>「つかむ→さぐる→見付ける→決める」</u>という四つの段階を経ることを基本事例として黒板に明確に示し、これを教科でも使用しています。最初に課題をつかみ、どうすればよいのかを話し合い、みんなで見付けた解決方法を発表し合い、自分の力で次の例題を解いていくのです。1回の話合いや集会などの実践だけが大事なのではなく、実践をもっと大きくとらえ、事前から事後までのプロセスを意識する必要があるのです。また、実践して終わりではなく、成果や課題について振り返り、次の課題解決につなげることも大切です。

　**<u>学級会における板書等の経験が、児童会活動の代表委員会で活用されるなど、汎用的な力となるようにします。</u>**また、特別活動で育成した話合いの力は、国語科や社会科のグループ活動などにも生きていきます。活動を通して子供たちにどんな力を付けさせたいのか、何のための実践なのかをきちんと意識して話し合い、次に課題があったらつなげていく。前の集会のときにこうだったから今度はこうしよう、というように経験を生かせるようにします。

　振り返りのときに、よく、「お友達のよかったことや頑張ったことを見付けましょう」と言いますが、よさを見付けるためには先生が『よさの視点』をしっかりもって子供に指導することが大切です。「どんなところがよかったのか」「課題は何か」などを具体的に示すことで、子供たちの学びが深まります。年間指導計画も例年同じ議題を例示するのではなく、今年はこういう議題で話し合って実践したということを特活部会等で話し合い、組織を生かしてよりよく改善していく、そういう姿勢も学級経営の充実につながるのではないでしょうか。

## 5　学校行事と学級経営の関係

　今回の学習指導要領の特別活動の目標では、「知識及び技能」で、「集団活

動の意義の理解」を示しています。このことは、行事も単に参加するのではなく、何のために参加するのかという意義を子供にきちんと理解させた上で、自分はどんなことを頑張るかという目標を立てさせて取り組ませ、実践して振り返ることが必要になってくるからです。

　学校行事の大きな特質は、学年や全校といった大きな集団で活動するという点です。学級でいるときよりも大きい集団の中での自分の立ち位置や、みんなで一緒に行動をするためには他者を考えなければいけないという点で、学校行事と学級経営は大きく関わってきます。

　日頃の学級経営を充実させ、学級としての集団の中で自分はこういうことに気を付けていこう、よりよくするためにみんなで決めたことを協力し合って頑張っていこうという意欲を高め、一人一人の子供がよさや可能性を発揮して活動することができるようにします。そこでの基盤はやはり、学級活動になります。

　特に学校行事の場合、高学年は係等でいろいろな役割を果たします。学級集団の中で役割を担い、責任をしっかり果たすという経験は、学校行事の中でも生きてきます。学級の中ではなかなか活躍できない子供も、異年齢の集団活動である学校行事やクラブ活動、児童会活動の中で活躍することによって、リーダーシップを発揮したり、メンバーシップの大切さを学んだりします。そして、自分もやればできるという自己効力感を感じたり、自分もこういうことで役に立てたという自己有用感を感じたりすることができるのです。例えば、集会活動には司会役やはじめの言葉など、いろいろな係分担がありますが、やりたい人だけがやるのではなく、学級のみんなが役割を担って集会を盛り上げ、責任を果たすことが大事です。

　話合いや実践後には、先生が子供たちのよさや頑張りを具体的に褒めてあげることも大切です。そして、内省し、友達に対して自分はどうだったかを考えることができる子供を育てるためには、振り返りを大事にします。

　**「こんなことを頑張った」というプラス面を見ていきながら、「次はこういうことをもっと頑張ろう」と次に向かう力につなげ、前向きに頑張れる子供を育ててほしいと思います。**

1年生の学級経営

# 「出会いづくり」「人間関係」「環境づくり」を大切に

## 幼児から小学生への円滑な接続を

　１年生の子供たちはまず、学校生活に適応していかなければなりません。幼稚園や保育所のときよりも大きな集団で新しい学級生活をつくっていくに当たり、先生は、これまでの子供たちの経験や環境を知っておく必要があります。子供たちの経験や環境は一人一人大きく違います。個人差を埋めながら、幼児教育での学びや経験をきちんと生かしていくことが大切です。

　これまで年長としてリーダーシップを発揮していた子供が、１年生になったとたん、６年生のお兄さんお姉さんに何でも面倒を見てもらうという状況になってしまう例が多く見られます。今回の幼稚園教育要領の改訂で示された**「幼児期の終わりまでに育ってほしい姿」を踏まえて教育課程を編成し、**円滑な接続を図っていくことが求められます。何でも教え込むのではなく、幼稚園や保育所で学んだことや経験してきたことが発揮できるような機会を先生がつくるのです。

　同じ学年の先生や養護教諭などの、担任以外の教師と連携をとっていくことも重要です。例えば問題行動が見られた子供の場合、なぜそうした行動をとったのかということを考えてあげないと、見た目の行動だけを注意してもなかなか改善されません。特に１年生は、先生の経験の枠にはめこんで対応するのではなく、現実のその子供たちの特質や抱えているもの、経験してきているものを踏まえ、**多様性を大切にする**ということを意識して指導していくことが必要です。とはいえ、「みんな違ってみんないい」というわけにはいきません。学校生活ではわがままを言っていてはだめなのだ、自分だけがよければいいのではないということを、１年生なりに経験させていく必要があります。

　１年生の時期は、保護者とのよりよい関係づくりの大切なスタートになり

ます。入学式や始業式、学級懇談会などの場で、「自分はこの子たちとここまで過ごしてきて、こういうふうにとらえている。こういう学級生活をつくり、子供たちを育てていきたい」と、子供たちの実態や目指す子供像を明確にして、どのように取り組んでいきたいかを具体的に説明し、保護者や地域の皆さんと一緒に育てていくという姿勢を見せるようにします。保護者の方には、「こういうときにはこういう対応をしてください」と伝え、理解してもらうようにするとよいでしょう。また、最初の保護者会のときには、保護者同士が仲よくなれるように、互いに挨拶をするなどの活動を行いましょう。互いのことを知り、日頃からコミュニケーションを図ることで、大きなトラブルは避けられることが多いのです。

## 先生がモデルを示して

　1年生の指導では、**「出会いづくり」「人間関係」「環境づくり」**が大切です。出会いや人間関係については、教科においても特別活動においても、先生がしっかりとモデルを示すことが大切です。学校にはいろいろな友達がいて、友達と自分は違う存在なのだということ、みんないろいろな思いをもっているのだということを経験できるような活動を仕組んでいってほしいと思います。それは環境づくりにも大きく関わっており、例えば学級の友達のことをよく知ることができるような掲示物をつくったり、教室に入ってきたときに子供たちが「楽しいな、今日はどんなことをしようかな」と思えるような環境をつくったりすることが大事になるのです。

　先生が指示して活動に取り組ませるだけではなく、**1年生なりに、みんなでこの学級をつくっていこうという意識がもてるようにしたいものです。**例えば当番活動の取組などで、「進んでやってくれたことでみんなが助かったね」と声をかければ、子供の意識は高まります。このように、学級生活を自らよりよくしようという意識や生活上の課題に気付く目を、1年生の段階から育てていってほしいと思います。学級会で「みんなで話し合って、みんなで決めて、みんなでやったら楽しかったね、よりよくなったね」という経験を積み上げていくことが大切です。その第一歩が1年生ですから、まず先生がモデルになって司会役や黒板記録などを行い、実践してほしいと思います。

第1章

ちょっとひと工夫！
# 1年生の
# 教室環境づくり

**入学式当日の教室掲示**

# 入学式当日は、温かい教室掲示を！

---
**ねらい**

　1年生が入学式当日、小学校生活への不安を解消し、楽しく学校生活を送ることができるような雰囲気をつくるとともに、保護者が安心できるような教室掲示に努めます。

---

## 入学式当日の心温まる教室掲示！

　入学式当日は、1年生にとっても保護者にとっても、とても緊張する1日となります。

　特に、入学式当日の学校での印象は、親子ともにその後の学校生活に大きな影響を及ぼすことになります。入学式当日の親子の緊張をほぐし、温かな雰囲気を醸し出すことに直結するのが教室掲示です。

　**入学式当日の教室掲示は、教師だけでなく様々な子供が関わるようにする**ことにより、1年生を温かく迎えるための温かな雰囲気ができます。例えば、前年度の1年生が描いた絵や飾りなどを活用して掲示を作製する方法や、6年生が事前準備として1年生を迎えるための掲示物を作製したり、黒板に絵を描いたりする方法もあります。さらに、児童会活動の一環として、代表委員会を中心に廊下の掲示を作製するという学校もあります。その際、高学年だけでなく、全学年で役割を分担して作製する方法もあります。

　入学式に初めて参加する保護者にとっては、当日の動きが分かりにくいため、保護者への適切な案内をすることが求められます。また、保護者が当日に多くの提出物を持参することになっている場合は、混乱せずに提出できるように類別しておくことも教室掲示の大切な役割となります。

第1章　ちょっとひと工夫！　1年生の教室環境づくり

▼保護者に向けた入学式当日の掲示例

入学おめでとうございます

保護者の皆様へ
次のようにお願いいたします。

① 引き出しを机の中に入れてください。
② 防災頭巾をいすの背もたれに付けてください。
③ 置き傘を傘入れに入れてください。
④ ロッカーにランドセル、算数セット、粘土を、図のように入れてください。
⑤ 名札をお子さんの左胸に付けてください。
⑥ お子さんをトイレに行かせてください。
⑦ 提出書類は、前方のかごにご提出ください。
⑧ 保護者の皆様は、遅くとも十時までには、式場（体育館）の保護者席にお座りください。
⑨ 入学式が終わり次第、一組・二組は体育館で写真撮影をしてから、教室でお話をします。よろしくお願いいたします。
⑩ 入学式終了後の予定
　1 担任あいさつ
　2 保護者の皆様へ
　3 お渡しするもの
　4 提出していただくもの

教室前面には、教室に入った保護者への入学に当たってのお祝いの言葉と、持参書類についての提出の仕方の確認、入学式やその後の日程などについて連絡事項を明記します。

廊下の掲示板や校内の様々な掲示板に、入学を祝う掲示物を飾り、学校全体で1年生を迎える温かな雰囲気をつくります。多くの子供が関わることで、掲示物に温かみが増します。

**教室掲示の配置**

# 教室全体のレイアウト

---
**ねらい**

1年生が集中して授業に取り組むことができるようにするとともに、安心して楽しい学級生活を送ることができるような教室環境に努めます。

---

## 📖 子供を主体とした意図的な教室掲示

　教室全体のレイアウトは、学級担任の学級経営についての考え方が、直接反映されます。特に、教室前面・側面・背面の掲示は、子供の立場になり、子供の目線で掲示計画を立案することが求められます。また、学習の基盤となる前面黒板や子供の多様な活動を表現する場とも言える背面黒板の扱いについても明確な方針を立てる必要があります。さらに、掲示物の台紙となる色画用紙等の色彩について配慮するため、グリーンやベージュ系統の落ち着いた色を使うことも大切な視点となります。

　**教室前面の掲示物は、困難さを抱える子供への配慮を含め、落ち着いた学習環境にするため、可能な範囲で少なくすることが求められます。**前面の黒板については、学習に関するもの以外は書いたり貼ったりしないことが大切です。側面の掲示物は、不定期に更新する掲示物、1週間、月、学期等で更新する物、また学習の一環として子供の作品を掲示することが多く見られます。背面の掲示は、誕生日列車や係、当番活動、めあてなど、子供が学級生活の充実と向上を図ることができるようにします。背面黒板は、教師が独断で掲示することなく、子供の「学級生活のノート」ととらえ、子供が主体となる活動を創造的に展開できるようにしていくことが求められます。

第1章　ちょっとひと工夫！　1年生の教室環境づくり

▼教室側面の掲示例

教室側面には、学年だより等の掲示物や生活科のカード等、学習に関する子供の作品を掲示します。その際、教師の励ましの言葉を書き入れると効果的です。

前面は、困難さを抱える子供への配慮から、場合により最小限の掲示にします。背面は、年間を通して掲示する誕生日列車、係活動や当番活動の創造的な活動の場にすると効果的です。

▼教室前面の掲示例

▼教室背面の掲示例

座席・用具の配置

#  机の整頓アラカルト

**ねらい**

1年生が落ち着いて授業に取り組むことができるような座席配置に配慮するとともに、個々の机の中が整理しやすいように学習用具の配置の指導を根気強く行います。

## 教室内の座席配置と机の中の整頓

　教室内全体の座席配置と個々の子供の机の中の整頓は、学級経営の基盤となります。座席配置は教室のスペースと子供の数との関係で、その方法は多岐にわたります。一般的には、二人で協力しながら学習や学級生活を送ることができるようにするために、二人ずつ座席を合わせて列をつくる方法がとられています。その際、子供の数が偶数でない場合には、三人組で構成する手立てを講じます。列の配置については、黒板に向かって全ての列を正面に向けて配置する場合や、黒板が見やすいように外側の列を「ハの字」に配置する場合もあります。また、学級会などでよく見られるように「コの字」の配置にして、互いに顔を見ながら学習する座席配置も効果的です。

　個々の子供の机内の整頓についての指導は、1年生にとって大切な指導事項です。学習活動や学級生活を効率よく行うために、共通に指導しておくことが大切です。このことにより、教師の指導が子供に伝わりやすくなり、子供も混乱せずに机内を整頓することができます。また、机の脇にかけておく物や机上に出す学習用具の配置についても指導しておくことが求められます。**このような基本的な生活習慣の形成に関する指導は、「学級活動（2）」の時間を中心として、朝の会や帰りの会で根気強く行うことが求められます。**

第1章　ちょっとひと工夫！　1年生の教室環境づくり

▼外側の列を「ハの字」に配置した座席配置例

教室内の座席配置は、子供の数により異なりますが、子供が学級での学習や生活を行いやすいように配慮します。教科等の学習活動に合わせた座席配置を取り入れることも大切です。

机の内の整頓は、学級や学年で統一して行われます。特に、学習用具の配置は、効率よく学習を行うために大切な指導となります。机の脇にかける物などについても共通理解が大切です。

▼机の中

▼机の脇

掲示物は分かりやすく①

#  通年掲示のポイント

---
**ねらい**

教室掲示は、子供の学級での学習や生活の環境を大きく左右します。なかでも通年での掲示物は、その学級の1年間の雰囲気に大きく影響を与えることになります。

---

##  1年間の学級生活に影響を及ぼす通年掲示

通年掲示物は、1年間子供たちが目にし続けることから学級生活に大きな影響を及ぼします。なかでも、通年で前面に掲示する物は、子供が毎日の授業や学級生活で目にすることになるので、学習等への困難さを抱える子供への配慮を含め、精選することが大切です。

1年生では「鉛筆の持ち方」や学習時の「正しい姿勢」、場に応じた「声の大きさ」や適切な「発表の仕方」などについて指導を繰り返します。そのため、これらの資料を掲示することが多く見られます。しかし、このような掲示物の資料は可能な限り側面に掲示するようにし、**前面は子供たちにとって、多くの情報となりすぎないようにすることが求められます。**

通年掲示物には、上記に掲げた資料や全員の誕生日を取り上げた「誕生日列車」「掃除の仕方」「給食の配膳の仕方」「ロッカーの整頓の仕方」等があります。また、市町村の教育委員会から「いじめ防止○か条」等について通年掲示を求められる場合もあります。子供の1年間の共通の情報として目に入ってくることから、台紙等の色彩についても落ち着いた雰囲気を醸し出すように、グリーン系統を中核としてベージュ等の落ち着いたものにすることが、色彩心理学の視点からも大切な視点となります。

第1章　ちょっとひと工夫！　1年生の教室環境づくり

▼学級目標の掲示例

がっきゅうもくひょう
ともだちに しんせつな子
おもったことが いえる子
がまんできる子

学校教育目標や学年目標、学級目標は、子供が常に目にできるように掲示します。掃除の分担などの掲示物は、分かりやすく視覚的に作製し、破損がないように工夫していきます。

通年での掲示物は、学級の雰囲気を醸成します。特に、全員が登場する誕生日列車は、子供が楽しくなるような掲示物となるように工夫して作製すると学級が明るくなります。

掲示物は分かりやすく②

# 更新する掲示の
# ポイント

### ねらい

教室掲示は、子供の学級での学習や生活環境を大きく左右します。更新していく掲示物は、その学級の学習や生活を象徴する学級文化の創造を可能にします。

## 学級文化の創造を可能にする「更新する掲示物」

掲示物が単なる飾りとならないよう、**教師の根気強い指導**が必要です。

更新する掲示物には、「定期的なものと不定期なもの」「教師が作製するものと子供が作製するもの」があり、その内容は多岐にわたります。具体的には、定期的に更新する掲示物として、「学校だより・学年だより・保健だより」など、教師が作製した月ごとに更新する掲示物があります。子供のめあてカードも月ごとに振り返りますが、達成できた目標については、目標の改善を図るような手立てを講じていくと子供の活動が活性化されます。

不定期に更新する掲示物としては、授業で学習した「ひらがな・カタカナや漢字」、算数で学習した「数字や計算」などの教師が作製する資料があります。また、子供が作製する掲示物として、生活科の「はっけんカード」や係活動で作製した「係からのお知らせ」など、多くの掲示物があります。さらに、更新していく掲示物の中には、学校だよりのように掲示場所を固定化し、前の掲示物の上に貼り重ねていく場合と、絵画のように掲示物そのものを取り外して新たな掲示物を貼り替えて更新する場合があります。特に、**貼り重ねていく掲示物の場合には、掲示物が破損しやすい面がある**ので、常に教室環境の大切な資料として、その扱いに配慮することが求められます。

第1章　ちょっとひと工夫！　1年生の教室環境づくり

▼子供が作製した掲示物の例

更新する掲示物の中で、子供の手による物は、学級生活の充実と向上に大きく寄与します。子供なりの発意・発想を大切にした掲示物が更新できるように指導していくことが大切です。

学年だよりなどの定期的に更新される掲示物は、破損のないよう配慮し、景観を保つことが大切です。子供の作品については、「教師の励ましのコメント」を書き込むことが基本となります。

係活動

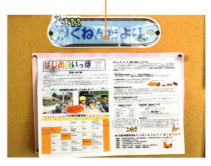

学年だより

掲示物は分かりやすく③

# 子供たちの作品掲示のポイント

## ねらい

教室掲示は、子供の学級での学習や生活に大きな影響を及ぼします。なかでも子供の作品は、その学級の学習や生活を象徴し、学級文化を創造する貴重な教室環境となります。

## 子供の作品を大切に扱う掲示方法

子供の作品は、学級内における掲示物の中でも最も大切なものです。

掲示物としての子供の作品には様々な種類がありますが、共通することは**子供の作品を大切に扱う教師の姿勢が、学級担任としての学級経営の考え方を象徴し、具現化するものになる**ということです。

その重要な視点の一つが、子供の作品への教師の称賛のコメントです。子供の作品に対して「見ました」といった押印で済ませることのないように配慮することが大切です。特に、作品への称賛の言葉を子供や保護者が見たとき、どのように感じるかを常に念頭におきながらコメントを書いて掲示します。また、子供の作品を掲示する際には、**子供同士を比較し競わせることにつながらないように配慮する**ことも大切な視点となります。

子供の作品としては、全員が対象となる生活科の「発見カード」や国語科の「感想文」を掲示することもありますが、その作品を掲示することが望ましいかどうかを子供の実態に応じて考えることも必要です。教師は常に子供の心に寄り添い、子供の作品を掲示することにより、いやな思いをする子供がいないようにするとともに、子供同士が互いのよさや頑張りを認め合う機会となるようにすることが求められます。

第1章　ちょっとひと工夫！　1年生の教室環境づくり

▼子供の作品への教師の称賛コメント例

子供の作品を掲示する際には、教師が称賛のコメントを書くことが基本となります。また、掲示することによって子供同士が認め合うことができるようにすることが大切です。

めあてや係活動等の子供の作品は、掲示物として内容が適切であるかどうかを教師が確認します。学級内によりよい言語環境をつくることができるように配慮することも大切です。

個々のめあてカード

飾り係の作品

オリジナル掲示

# 学級のオリジナル掲示をつくろう

### ねらい

　教室掲示は、子供の学級生活の環境に大きな影響を与えます。学級独自の掲示作品は、学級内に温かな雰囲気を醸成し、子供の学級への所属意識を高めます。

## 子供の発意・発想を生かしたオリジナル掲示

　教師や子供による学級独自の掲示物は、温かな雰囲気を醸成します。
　可能であれば、子供の手によるオリジナルの掲示物が作製できればよいのですが、現実的には1年生前期の段階では、主に教師が作製することになります。後期になると、1年生の子供も学校生活に慣れ、文字の学習も進んでくることから少しずつ作製に関わることができるようになってきます。教師が見栄えのよいオリジナルの掲示物を作製することも大切ですが、その過程で少しでも子供たちの発意・発想を生かし、思いや願いを盛り込むことができるように努めることが大切です。
　例えば、前期のクラス遊びは、教師が「お知らせ黒板」に絵などで記していたものを、子供たちが遊びの内容をカードに書いて貼り替えて表示していくようにしたり、お知らせ黒板自体を子供たちが新たな掲示板として作製したりするという方法もあります。また、飾り係の子供たちを中心に、アサガオや柿などの季節の飾りや動物などを折り紙で作製して掲示するという方法も教室内に温かな雰囲気を醸し出します。大切なのは、**出来映えだけにとらわれず、子供たちが自分たちの学級への愛着をもち、所属感を味わうことができるようなオリジナルの掲示物を作製すること**です。

第1章 ちょっとひと工夫！ 1年生の教室環境づくり

▼子供たちが作製に関わったオリジナル掲示の例

教師が作製するオリジナルの掲示は、1年生にとって楽しく分かりやすいものとなるようにします。子供たちが少しでもその作製に関わることができればより充実したものとなります。

係活動等で子供たちが作製したオリジナルの掲示は、学級に明るく楽しい雰囲気を醸成します。出来映えにとらわれず、子供たちの発意・発想、思いや願いを盛り込むことが大切です。

清掃指導の基本

#  楽しくきれいに！1年生の清掃指導

> **ねらい**
>
> 1年生の清掃指導は、2年生以降の学級生活の基盤となります。基本的な清掃技能の習得とともに、働くことの意義を楽しく体感できるように指導することが大切です。

##  清掃の意義の理解と清掃技能の習得

　清掃指導は、働くことの意義を体感する視点から、キャリア形成の場にもなります。1年生の子供たちは、本来、清掃が大好きです。特に年度当初は、学校生活で学ぶ新たな活動として、子供たちは意欲をもって清掃活動に取り組む姿が見られます。

　子供たちの清掃への意欲を喚起するには、1年生なりに清掃の意義を理解できるように指導することが大切です。1年生の清掃場所は、身近な教室や廊下などであることが多いので、清掃は自分たちの学級のために働くことであり、学習や生活をともにする仲間と一緒に行う大切な活動であることを再確認します。「学級活動（2）」の時間や朝の会・帰りの会を活用して「清掃の汗は金の汗」「清掃は心のゴミを集める活動」など、子供たちの実態に即した話を効果的に取り入れ、**真剣に清掃に取り組もうとする心情を養うことが大切です。**また、清掃用具の具体的な活用技能についての指導も大切です。

　現在の家庭では、雑巾の絞り方、拭き方、ほうきの使い方について保護者が教える場面が乏しくなっているのが現状です。清掃指導は、学校として統一した清掃方法が設定されていることが多いので、指導の手立てを共通認識して指導に当たることが求められます。

第1章　ちょっとひと工夫！　1年生の教室環境づくり

▼雑巾を使って拭き掃除をする子供たち

雑巾の絞り方を1年生で身に付けることが大切です。また、雑巾での床の拭き方についても学校としての方針に基づいて共通に指導することが求められます。

家庭で使用することが少なくなったほうきの使い方について丁寧に指導します。また、子供が協力して活動できるように取り組むとともに、互いのよさを認め合う場も重視します。

033

ロッカーの整理方法

# 写真で分かりやすく！ロッカーの整理方法

### ねらい

　教室が整然としている状況をつくるには、ロッカーの整理整頓の在り方が大きく影響します。子供たちにとって簡潔で効率のよいロッカーの整理方法を指導することが大切です。

## 分かりやすく効率のよいロッカーの整理方法

　教室内のロッカーは、一般的に中が見えることから教室環境の大切な一部となります。何をどこに収納するのかを統一しておくと、子供たちが効率よく整理できるようになるとともに、教室内の環境としてよい景観を保つことにもつながります。

　ロッカーの整理は、1年生の子供たちにとって、分かりやすく道具の出し入れができるようにするとともに、時間的な制約の中で学校生活を過ごすことから、効率のよい収納の仕方を指導する必要があります。学校によってロッカーの大きさやロッカーの中に収納する道具が異なりますが、**一般的には机の中や机の脇にかけることのできない道具や、1日の学校生活で頻繁に出し入れしないランドセルなどの道具を収納することになります。**

　例えば、ランドセルを収納する向きについてはどうか、鍵盤ハーモニカの位置はどちら側なのか、粘土や粘土板はどうするのかなどについて、学年内でよく検討して共通理解のもと、子供たちへの指導を行うことになります。

　「学級活動（2）」の時間や朝の会・帰りの会の時間を活用して、子供たちに分かりやすく、効率のよいロッカーの整理方法を、個に応じて根気強く指導することが大切です。

第1章　ちょっとひと工夫！　1年生の教室環境づくり

▼ロッカーの整理の仕方の例

教室内のロッカーの整理は、学級として統一して行うことで、子供たちの分かりやすさ、使いやすさを引き出すとともに、教室内の景観としても大切な視点となります。

ロッカーの整理は、個々の道具の収納の仕方について丁寧に指導することが大切です。子供たちが見て分かりやすいように、整理方法を図や写真で表示しておくと効果的です。

035

靴箱・傘立ての整理方法

# 靴箱整理と傘立て指導で学校をきれいに！

## ねらい

靴箱と傘立てを見れば、その学校の生徒指導の状況が分かると言われます。なぜ、それらの整理が必要なのか、１年生の子供たちなりに理解できるように指導することが大切です。

##  意義の理解を重視した靴箱・傘立て指導

　形だけの指導はいずれ形骸化しますが、心に響いた指導は確かな形をつくり上げます。靴箱と傘立てを見れば、その学校の生徒指導の状況が分かり、子供たちの様子が分かると言われます。しかし、同じようにきちんと整理された靴箱と傘立てでも、**その形をつくり上げた子供たちの心情によって、その後の継続性が異なってくるものです。**

　靴箱の靴をきちんとそろえようとする心情や心のゆとりが、他の人が靴箱を見たときの景観をきれいにします。また、次に自分が靴を履くときにもすぐに取り出せ、スムーズに気持ちよく靴を履くことができるようになります。傘立ての傘は、一人一人がひもで巻いてとめないと、次に傘立てに入れる人が入れにくくなってしまいます。雨でぬれている傘をひもでとめるのは、自分の手がぬれてしまうことになりますが、１年生をはじめ全ての子供たちが実践できるような学校にしていくことが求められます。特に、「学級活動（２）」での基本的な生活習慣に関わる指導や、朝の会・帰りの会での継続した教師の言葉かけが大切です。なぜ、靴箱の靴をそろえ、傘をひもでとめるのか、子供たちがその行動の意義を理解できるようにし、具体的な実践目標を立てて活動を展開できるようにすることが求められます。

第1章　ちょっとひと工夫！　1年生の教室環境づくり

▼整理された靴箱

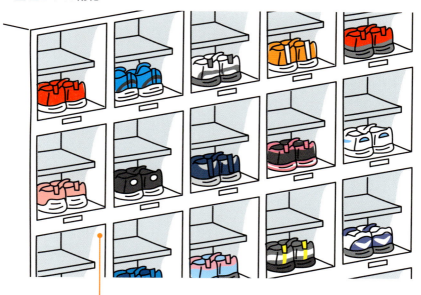

1年生の靴箱の靴がそろうと、他の学年にも大きな影響を及ぼします。全校の子供たちが、その意義を理解し、子供たちの力で靴箱の靴をそろえるように指導することが大切です。

一人一人が、傘をひもでとめて傘立てに入れると、後から傘を入れる子供が入れやすくなります。思いやりの心は、このような行為となって学校全体をきれいにし、温かくしていきます。

037

第2章

これで完璧！
1年生の
学級づくりのコツ

入学式当日の工夫

# 入学式パーフェクトガイド！

### ねらい

入学式当日の教師と子供との出会い、子供同士の出会い、教師と保護者の出会いは、その後の学校生活に大きく影響します。心に残る出会いの場にすることが大切です。

##  心に残る「出会い」の演出を工夫しよう！

入学式当日の大切な「出会い」づくりは、当日までの事前の準備にかかっています。**「出会いの印象3・3・3」**という言葉があります。「最初の3秒」で「いい感じ」といったイメージがつくられ、「次の30秒」で「明るい性格」などの印象が刻まれ、「3分後」には、ほとんどの印象が決まり、この評価は変わりにくいとされています。

最初に行う教師の自己紹介の仕方一つで、1年生や保護者の印象は全く異なります。担任としての自己開示を中心に、得意な分野を生かしながら心の通う自己紹介の準備をすることが求められます。また、子供の正しい姓名の呼名や称賛の言葉かけについても準備をしておく必要があります。

特に、保護者への挨拶や連絡事項等については、事前に学年内でよく検討して歩調を合わせることや、学校としての依頼事項等を再度確認しておく必要があります。入学式当日は、儀式的行事としての入学式があり、その後の学級での指導や提出物の回収、様々な依頼事項の連絡や記念撮影等、時間に追われるのが現状です。事前にどのような時程で、何をポイントとして、どのようなことに配慮する必要があるのかなど、詳細に計画を立てて笑顔で子供と保護者に接する1日となるように努めることが大切です。

## 学級担任の挨拶例（児童向け）

> 今日は、これから話す三つのことを覚えて帰ってください。
> 一つ目は、学校の名前です。「○○小学校」。
> 二つ目はクラスの名前です。「1年2組」。クラスの名札は黄色で、クラスの入り口の花の色も黄色です。
> 三つ目は、先生の名前です。私の名前は「いながきあきこ」です。
> 「稲垣先生」と呼んでください。

## 確認事項（例）

### ※「にゅうがくおめでとう」（文部科学省の封筒）

1. こくご（上）
2. さんすう（上）
3. せいかつ（上）
4. ずがこうさく（上）
5. おんがく
6. しょしゃ
7. 教科書のお知らせと注意事項

### 《配付物》
### ●大きな茶封筒の中身

1. 学校だより
2. 学年だより「はじめのいっぽ」
3. 保健だより
4. 健康診断予定一覧
5. 保健関係文書についてのお願い
6. 心臓検査調査票、記入例
7. 連絡カード
8. 引き渡しカード作成についてのお願い
9. 引き渡しカード
10. 食育だより、たのしい給食
11. 学校給食献立表
12. ○○小学校行事予定表
13. クリアファイル
14. 下校予定時刻
15. 学校応援団だより、応援団募集について、募集用紙
16. 早寝・早起き・朝ごはんのパンフレット
17. たいせつないのちとあんぜん

### ●ビニール袋の中身

18. クリーム色の封筒（えんぴつ・その他）…交通安全母の会より
19. 防犯ホイッスル
20. 防犯ブザー
21. ワッペン
22. ランドセルカバー

### ─── 入学式当日のポイント ───

担任の話は簡潔に行います。子供には、学校名、学級名、学級担任名の三つは、当日覚えて帰るように伝えると効果的です。保護者には、連絡事項等、漏れがないようにします。笑顔で子供、保護者に安心感を与え、信頼関係を築く1日にすることが大切です。

**自己紹介とルールづくり**

# 心の通い合う学級のスタート！

---

**ねらい**

学級のスタートは、その後の1年間の学級経営を大きく左右します。子供と心が通い合う学級にするため、教師の自己紹介を行い、学級のルールづくりをすることが大切です。

---

## 信頼関係を築く教師の自己紹介とルールづくり！

　子供たちとの信頼関係なくして、よりよい学級経営を行うことはできません。

　まずは、教師が子供たちと心の通い合う自己紹介をすることから始まります。この教師の自己紹介で、子供たちは学級担任に対するイメージをつくります。特に、1年生の子供たちにとっては小学校で出会う初めての教師ということもあり、その影響は大なるものとなります。笑顔いっぱいに、子供たちに呼びかけるような語りで、一人一人に温かな眼差しを送るように心がけます。具体的な自己紹介の仕方は、1年生であることから、単なる話だけではなく、**人形を使ったり、音楽を使ったり、様々な具体物を用いたりしながら、教師の持ち味を生かして行うことが子供たちの心に響きます。**

　学級のルールづくりについては、「学級活動（2）」の時間を活用して、基本的な生活習慣の形成の指導との関連を図り、朝の会・帰りの会でその定着の様子を確認し、継続して指導することが求められます。

　教師の心温まる自己紹介によって教師と子供の信頼関係を築き、学級のルールづくりの指導を通して、個々の子供の学級生活に対する意識を高め、子供同士のよりよい信頼関係を築くことができるようにします。

## 学級担任の自己紹介例

① 私の名前は「いながきあきこ」です。ここに書いた「い」は**い**つでも、「な」は**な**かよく、「が」は**が**んばって、「き」は**き**ちんと勉強するクラスにしたいと思っています。「稲垣先生」と読んでください。

② この絵を見てください。これは私です。この目は、皆さんのよいところをたくさん見付けます。この口は、給食をたくさん食べます。そして、皆さんのよいところをたくさん褒めます。この手は、皆さんに黒板で勉強を教えます。そして、皆さんとこうやって握手もします。この足は、皆さんと鬼ごっこをします。

③ ここで質問です。私の好きな給食は何でしょう。「1 揚げパン、2 焼きそば、3 わかめご飯」。正解は、2番の焼きそばです。給食には、おいしいメニューがいっぱいありますから楽しみにしていてください。

## 学級のルールづくり

クラスのルールを三つ話します。

一つ目は、先生や友達が話しているときは黙って聞くことです。
それは、……だからです。

二つ目は、トイレに行きたいときなど自分ではっきり話すことです。
それは、……だからです。

三つ目は、友達にやさしい心で、誰とでも仲よくすることです。
それは、……だからです。

### POINT ─── 教師の自己紹介・ルールづくりのポイント ───

教師の自己紹介は、子供たちが楽しく参加しながら聞くことができるように、クイズ形式を取り入れると効果的です。また、この時点での学級のルールづくりは、3点程度として、子供たちに多くのことを求めないようにします。

子供同士の自己紹介への配慮

# 子供同士で自己紹介！

---

**ねらい**

自己紹介は、幼稚園や保育所の違う仲間と互いに知り合う貴重な機会となります。特に、この活動でいやな思いをする子供がいないように配慮することが大切です。

---

## 誰もが安心して参加できる自己紹介！

１年生にとっては、これまで知らなかった仲間と出会い、初めて行う自己紹介です。どの子にとっても緊張の場面となります。もし、この自己紹介を行う場面でうまく話せなかったことを仲間に嘲笑されたり、批判されたりしたら、心に大きな傷を負わせてしまいます。何よりも、どの子もいやな思いをすることがないように、事前の指導をしっかり行っておくことが大切です。

具体的には、**紹介の内容を少なくし、発表内容を明確にしておくことが大切です。**例えば、「①自分の名前、②好きな食べ物、③好きな遊び」の三つの項目を取り上げて、黒板に文字と絵で記しておくと、子供も発表しやすくなります。また、発表の仕方も事前に教師がどのように発表すればよいのか、見本を示しておくと効果的です。

自己紹介を聞いている子供たちへの指導は、発表する子供への指導以上に大切です。「学級活動（2）」の「よりよい人間関係の形成」の指導との関連を図り、聞く側の子供たちに**「うまく言えない子がいても笑わないこと」「みんなで応援してあげること」「発表が終わったら拍手をすること」**等を徹底しておく必要があります。どの子も安心して自己紹介ができるように配慮することが、今後の学級経営の基盤づくりにつながります。

## 全体の前で自己紹介をする活動

### （1）自己紹介をする内容例

①私の名前は「○○○○」です。
②好きな食べ物は「焼きそば」です。
③好きな遊びは「おにごっこ」です。よろしくお願いします。

### （2）自己紹介を聞く子供たちへの指導

①発表している友達の話を最後まで聞きます。
②全員で「よろしくお願いします」と言います。
③うまく言えない子がいても笑いません。

よろしくお願いします。

## 動きを取り入れた自己紹介の活動

○学級内で、移動して10人の友達とジャンケンをします。
○ジャンケンで勝った人から自分の名前を友達に紹介します。次に負けた人が自分の名前を友達に紹介します。
○互いに紹介したら「よろしくお願いします」と言って握手をします。

これから10人の友達とジャンケンをして自己紹介をします。

私の名前は○○です。

よろしくお願いします。

### POINT！ ── 子供の自己紹介のポイント ──

　子供同士の自己紹介は、子供が自信をもって発表できるように、教師が支援することが大切です。また、その自己紹介の発表を全員がしっかり聞き、失敗を中傷することなく、互いに認め合う温かな雰囲気をつくります。

学級目標の設定

# 学級目標を決めよう！

## ねらい

1年生の学級目標は、小学校生活で初めて取り組む教育活動です。1年生であっても教師が独断で決めることなく、子供たちの思いや願いを生かすことが大切です。

## 子供や保護者の思いを生かした学級目標！

学級目標は、学校教育目標を受けて「知育・徳育・体育」の観点で設定します。

1年生の段階では、教師が一方的に学級目標を設定するという実践も散見されますが、学級目標は「教師の教育方針」をもとに、可能な限り**「子供の思い」**と**「保護者の願い」**を取り入れて設定することが基本となります。

年度当初は、文字の学習をしていないので、子供たちの思いについては教師が**「どのような1年生になりたいか」**という視点で聞き取ることになります。また、保護者には文書等で依頼をし、**「どのような1年生になってほしいか」**という視点でアンケートをとり、その集計内容を子供たちに伝えます。ここで取り上げた子供たちの思いや保護者の願いを集約した内容を教室に掲示しておくと、それぞれの思いや願いが可視化され、個々の考えを生かしていくことにつながります。これらの集約を通して、教師が子供を促しながら学級目標を設定することになります。

その際、学級集団は個の集合体としての認識を重視する必要があります。具体的には、学級目標の文言を「～のクラス」という文末表現ではなく、「～の子」という表現にすることが求められます。

## 「子供の思い」の集計

1年生の子供たちが「どのような1年生になりたいか」という問いに対して、回答した結果をまとめた集計結果の一部です。

○楽しく勉強をする子　○友達と仲よくする子　○学校を休まない子　など

## 「保護者の願い」の集計

右記のアンケートをもとに、保護者の願いをまとめたものの一部です。

○先生の話をしっかり聞く子
○友達にやさしくできる子
○誰とでも仲よくできる子
○外で元気に遊ぶ子

このような「子供の思い」や「保護者の願い」を生かしながら、学校教育目標との関連を踏まえて、学級目標を設定することになります。

**保護者へのアンケート用紙**

 **1年1組学級目標**
○だれとでもなかよくする子　○はなしをよくきいてはっきりはなす子
○ともだちとげんきにそとであそぶ子

 **1年2組学級目標**
○ともだちにやさしくする子　○ひとのはなしをよくきく子
○ともだちとなかよくあそぶ子

### 学級目標設定のポイント

1年生の段階であっても、学級目標は教師が独断で決めるのではなく、学校教育目標を受けて、教師の教育方針をもとに「子供の思い」と「保護者の願い」の三者の考えを取り入れて設定することが基本となります。

朝の会・帰りの会

# 朝の会・帰りの会の基本

**ねらい**

朝の会は1日のスタートに当たっての確認や決意を込める時間で、帰りの会は1日の課題や成果を確認し、明日への期待感を高める時間となり、子供たちが進行役を務めます。

## 一人一人の子供が主役となる「朝の会・帰りの会」

「朝の会・帰りの会」は、1日の学校生活を左右する大切な時間となります。この時間は、どちらも短時間ですが、学級担任の学級経営を表す時間とも言われます。「朝の会」では、朝の挨拶を行い、教師が一人一人の子供の名前を呼んで健康観察を行います。このとき、健康状態をはっきり言うとともに、学級の友達の健康状態をしっかり聞く指導を根気強く行うことが大切です。また、朝の会で今月の歌を歌ったり、教師からの1日の連絡を行ったりすることになります。1時間目の授業の開始が遅れないようにすることが大前提ですが、「係からのお知らせ」や「昨日の日直の感想」などの項目を盛り込むことも効果的です。「帰りの会」では、1日の学校生活を振り返ったり、翌日の連絡事項を確認したりする時間となります。学級によっては、今日のMVPと称して、今日1日で頑張っていた友達を紹介する実践があります。しかし、ここで大切にしたいことは、**学級全員がこの場で取り上げられるようにすること**です。学級経営として大切なのは、学級の全員が主役となる場を設けることです。この手法を生かすためには「今日の日直さんががんばったと思うこと」とすれば、全員の子供たちが取り上げられることになります。大切なのは、常に一人一人の子供に目を向けることです。

## 「朝の会」の内容

1年生の子供たちであっても、朝の会の進行ができるようにすることが大切です。特に、朝の会では、健康観察の役割が重要です。健康観察後に教師が、「Aさんは足が痛いので体育で気を付けてあげてね」という話をすることで、友達を大切にすることを学ぶ貴重な機会になります。

○朝の挨拶
○今月の歌
○健康観察
○先生の話
○（係・当番からの連絡）
　　　　　　　　　　　　　　　など

## 「帰りの会」の内容

帰りの会は、1日の学校生活を振り返るとともに翌日の学校行事等を確認し、学校生活への期待感を高める時間です。特に、一人一人の子供が主役となるようにするためには、全員から称賛される場面を意図的に設定します。その意味からも「今日の日直さんのよかったこと」の場面を設定することは大切な視点になります。

○今日の日直さんのよかったこと
○今日うれしかったこと
○係・当番からの連絡
○先生の話
○帰りの挨拶　など

**POINT**

―― 朝の会・帰りの会のポイント ――

1年生の段階でも、朝の会・帰りの会の進行は子供たちが行うようにすることが大切です。朝の会と帰りの会のねらいを踏まえ、時間内に終了することを念頭に置きながら、一人一人の子供が主役となるような時間にします。

生活指導の仕方

# 生活指導は分かりやすさが一番！

---

**ねらい**

1年生が学校生活にうまく適応し、他の子供たちとともに楽しい生活を送るために身に付けなければならないことについて、毎日の生活の中で繰り返し指導します。

---

##  人間関係に関わる望ましい行動を身に付けるための指導

　小学生としてのスタート期である1年生では、身に付けなければならないことがたくさんあります。靴箱やトイレの使い方から授業開始等の合図など、幼稚園や保育所で経験してきていることを生かしながら、効率よく小学校での生活に慣れさせていくことが必要です。特に集団生活を送る上では、人間関係に関わる望ましい行動を身に付けることは重要となります。**「自分がされて嫌なことは人にはしない」「相手の気持ちを考えながら行動する」など、日常の生活の中で繰り返し指導していくことが求められます。**

　言葉づかいについては、家庭環境やそれまでの生活経験によって、大きな違いがあります。友達同士を呼ぶときに呼び捨てをしない（「さん」を付けて呼ぶ）ことや友達同士でつかう言葉の選び方などは、道徳科や学級活動の時間を通して全体に指導していきます。一人一人の子供が自分の言動を振り返ったり、気を付けたいことを決めたりして、向上しようという意識をもてるようにします。相手を思いやる話し方に関しては、「学級活動（2）イ よりよい人間関係の形成」の指導で行うことができます。子供たちが普段の自分の生活を振り返り、自分の課題に合った努力目標を一人一人が意思決定できるよう支援していくことが大切です。

## 言葉づかいについて考えさせる授業の例

| 問題意識をもつ |
| つかむ |
| さぐる |
| 見付ける |
| 決める |
| 決めたことを実行する |

①アンケートをもとに、言葉でいやな思いをした経験を知る。
②言葉には、相手をうれしくする「ふわふわことば」と、いやな気持ちにする「ちくちくことば」があることに気付く。
③どんな言葉が「ふわふわことば」「ちくちくことば」なのか話し合う。

| ふわふわことば | ちくちくことば |
|---|---|
| 「ありがとう」「ごめんね」「すごいね」「がんばって」 | 「ばか」「うるさい」「うざい」「へたくそ」 |

④どんな言葉をつかったら仲よくできるか話し合う。
⑤自分の課題に合っためあてを決めて、カードに記入する。
⑥互いに自分で決めためあてを発表し合う。

・毎日帰りの会で振り返り、自己評価します。
・いくつかのめあてを教師が示し、子供がその中から自分に合っためあてを選ぶようにします。

## 机に貼り付けるめあてカードの例

めあてカード

机にテープで貼ります。1日の終わりに振り返りを記入するようにします。

| にこにこめあてカード　なまえ（　　　） |||||||
|---|---|---|---|---|---|---|
| めあて　さんをつけてよぶ。 ||||||||
|  | 10 げつ | 11 か | 12 すい | 13 もく | 14 きん | ふりかえり |
| できたら シール |  |  |  |  |  |  |

・1週間程度、毎日振り返ることで、意欲を継続させます。
・前向きな自己評価にするため、「〜しない」というめあては避けます。

### POINT — 生活指導のポイント

困難さを抱える子供は、相手の表情や言葉から感情を想像したり、相手の気持ちを考えたりすることが難しい場合があります。日頃の生活の中で、根気強く繰り返し指導し、他の子供との関わりの様子を保護者に知らせることも大切です。その際、よくなったことやできたことを中心に伝えましょう。

褒め方・叱り方

# 1年生への褒め方・叱り方

---

**ねらい**

1年生が学校での集団生活を身に付けるには、積極的に褒めたり、必要なときには叱ったりしなければなりません。一人一人のよりよい成長のために、効果的な褒め方や叱り方が求められます。

---

##  具体的な行動を褒め、短く叱る！

### 褒めるポイント

**①具体的な行動を褒める**

子供自身が「なぜ、褒められたのか」を分かるようにすると効果的です。また、「今〇〇したことはとてもよかったですね」と具体的な行動を褒めます。

**②みんなの前で褒める**

教師が褒めた行動は、周りに広がります。子供の承認欲求を満たし、他のみんなの行動指針とするためにも、みんなの前で褒めるようにします。

**③目立たなくても頑張っている子供を褒める**

教師の指示を守っている子供はあまり目立ちません。派手な言動をする子供に目がいきがちですが、地道に頑張っている子供を認め、その努力を称賛するよう心がけます。

### 叱るポイント

**①短く叱る**

長々と話していても子供には理解が難しくなります。命に関することや危険が伴うことについてははっきりと「だめ」と伝えることが大切です。

**②わけを話す**

1年生の子供には、「なぜ叱られたのか分からない」ということもあります。集団のルールなども話し、その行為が許されない理由を理解させます。

**③相手の気持ちを考えさせる**

「自分がされて嫌なことは相手にしない」ことを話し、相手の気持ちを想像して、謝ろうとする気持ちをもたせます。

第2章 これで完璧！ 1年生の学級づくりのコツ

### 褒める例

①具体的な行動を褒める

・いつもより大きな声ではっきりと言えて、とても上手でしたよ。
・お休みの人の分の仕事を手伝ってあげて、やさしいですね。

②みんなの前で褒める

・○○さんは、家でも音読をよく頑張っていますね。
・昨日より大きな口を開けて、元気に歌えましたね。

③目立たなくても頑張っている子供を褒める

・いつもよい姿勢で先生の話を聞いていて、とても立派です。
・最後まできちんと後片付けができて、とてもえらいね。

### 叱る例

①短く叱る

人をたたいてはいけません。
前の人を押したらあぶない！

②わけを話す

道路で遊んでいたら危ないです。○○さんが車にひかれたら、先生も、お家の人も悲しくなります。絶対に飛び出さないでね。

③相手の気持ちを考えさせる

・もし自分が仲間はずれにされたら、どんな気持ちになりますか？
・お友達は、泣きながら教室に入ってきましたよ。そんなふうに言われて、どんな気持ちになったのでしょうね。

　褒めたり叱ったりする効果を高めるためにも、日頃から支持的風土を醸成し、子供同士が認め合い、相手のことを考えて注意し合う関係を築くことが求められます。学級活動で下記のように取り上げることで、学級の共感的な雰囲気を高めていきます。

 学級活動（1）ア　学級や学校における生活上の諸問題の解決
「1ねん1くみ　みんなでなかよくなろう」「○○しゅうかいをしよう」

 学級活動（2）イ　よりよい人間関係の形成
「ともだちのよいところみつけた」「げんきなあいさつ」

―― 褒め方・叱り方のポイント ――

　「叱る」は、「怒る」とは違います。子供の状況に応じ、その子供の理解できる言葉や言い方で話す必要があります。「どうして○○したの？」「悪い子ね」など、子供を追い詰めたり人格を否定したりしてはいけません。

登下校の指導の仕方

# 何よりも安全第一！登下校の指導

---- ねらい ----

　1年生の保護者は、学校への登下校時の交通事故等を不安に思っています。子供に安全指導を行い、子供自身がきまりを守って登下校することが、保護者の安心にもつながります。

##  みんなでルールを守ろうとする態度を育てる！

　学校まで子供たちだけで歩いて行く、これは、幼稚園等との大きな違いです。一人一人の子供が安全を意識し、自分の身を守らなければなりません。
　登校や下校の仕方については、地域によって大きな差があります。いずれにしても、子供の安全な登下校のために、学校や地域の実態に合った形で工夫します。学校を一歩でも出るとそこは公道です。そのため、法で規制されている交通ルールを学び、それを遵守することはもちろん大切です。しかし実際は、友達同士でふざけ合ったり、おしゃべりに夢中になってしまったりすることが、事故のリスクを高めるのです。
　そこで、交通ルールを指導することとあわせて、学級全体で交通安全への意識を高めたり、進んでマナーを守ったりできるようにすることが重要です。それらの指導が、**登下校時の危険な行動を、子供が互いに注意し合うきっかけにもなる**のです。
　また、交通事故だけでなく、不審者への対応も指導する必要があります。校区内の危険な場所を具体的に把握しておくことや、できるだけ子供が一人にならないような環境づくりが求められます。学校全体として、保護者や地域の方々の協力を得ながら、安全確保のための取組を進めることが大切です。

## 交通安全への意識を高める学級活動の例

　学級活動（2）ウ「心身ともに健康で安全な生活態度の形成」で、登下校時の安全について指導します。日頃の自分たちの行動を客観的に振り返ることができるような工夫が必要となります。

**問題意識をもつ**
↓
つかむ
さぐる
見付ける
決める
↓
**決めたことを実行する**

**客観的に振り返らせる工夫**
❶写真　　❷ビデオ　　❸保護者アンケート

①登下校時の自分たちの様子を振り返り、危険な言動があることを知る。
②ふざけ合うことやおしゃべりに夢中になることが、交通事故を招くような危険につながっていることに気付く。
③なぜ、危険な行動をとってしまうのか原因を考える。
④どんなことに気を付けたら、安全に登下校できるか話し合う。
⑤自分の課題に合った努力したいこと（めあて）を決める。
⑥互いに自分で決めためあてを発表し合う。

## 子供への指導に使える合言葉・標語

**交通安全の合言葉**

「もしかして　とまる　みる
　まつ　たしかめる」

(埼玉県「交通事故防止のための5つの行動」）

**もしかして**　「もしかして」と危険を予測
**とまる**　交差点では必ず一度「止まる」
**みる**　自分の目でしっかり「見る」
**まつ**　自動車が通り過ぎるのを「待つ」
**たしかめる**　もう一度安全を「確かめる」

**防犯標語「いかのおすし」**
(警視庁・東京都教育庁「防犯標語」)

「**いか**」ない
　知らない人について「行かない」
「**の**」らない
　知らない人の車に「乗らない」
「**お**」おごえをだす
　危ないと思ったら「大声を出す」
「**す**」ぐにげる
　安全な場所に「すぐ逃げる」
「**し**」らせる　家の人や警察に「知らせる」

### 登下校の指導のポイント

　不意につまずいたときなどにも対応して身を守れるようにするために、両手が自由に使えるように指導するとともに、持ち帰る荷物の量にも配慮します。冬季にはポケットに手を入れて歩くことがないよう、手袋の使用について指導する必要があります。

当番活動の極意：日直

# 子供が日直の仕事に進んで取り組む工夫を

### ねらい

日直の仕事は、誰でもできることであって、誰かがやらなければならないことです。責任をもって、みんなのための仕事ができるよう指導していきましょう。

## 仕事の内容を分かりやすく示そう！

日直は当番活動の一つです。学級の仕事の分担として、全員が輪番で行います。内容としては、授業開始等のあいさつ、朝の会・帰りの会の司会、給食のあいさつ、出欠席黒板への記入、花の水やり、日付や日直の名前の書き換えなどがあります。さらに、照明の点灯・消灯や窓の開け閉め、黒板の掃除なども考えられます。ただし、日直の子供の負担が大きくならないよう、係活動や他の当番活動と仕事をうまく分担するようにします。

1年生の段階では、入学当初から無理をして行う必要はありません。1か月ほどして子供が学校での生活に慣れてから、少しずつ仕事を任せていきます。仕事の内容を学級全員が理解して、自分から進んで行えるようにしておきます。発達の段階を考えると、二人一組で行い、やり忘れなどがないよう、教師の適切な声かけが必要です。

日直の仕事に関する指導は、朝の会や帰りの会に行います。当番活動としてしっかりと役割を果たすことが、みんなの気持ちのよい生活につながることを話し、称賛することを基本として行います。**キャリア形成の視点からも、集団の中で働くことや自分のやるべきことをきちんとやることの大切さを、実際に仕事に取り組むことを通して理解させることが必要です。**

第2章 これで完璧！ 1年生の学級づくりのコツ

## 楽しい特典付き日直

日直は公平に全員に回ります。「日直でよかった」と思えるような特典があると、楽しく仕事を行うことができるでしょう。

〈日直の特典の例〉
・ALT やゲストティーチャーを控室まで迎えに行くことができる。
・読み聞かせの本を選ぶことができる。
・休み時間の遊びを決めることができる。
・日直のいる班から給食のおかわりができる、など。

## 仕事の見える化

日直の仕事を短冊にして掲示します。仕事をしたら札を裏返し、全部そろうと絵が完成するようにします。

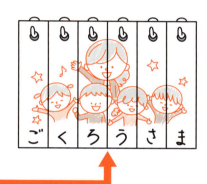

仕事の状況に応じて、日直に声をかけ、指導することができます。

―― 日直の指導のポイント ――

みんなの前に出て話をすることが苦手な子供への配慮が必要です。本人を励まし、周りの子供たちには聞く態度について指導します。できることを認めて、徐々に自信をもてるよう時間をかけて取り組むことが求められます。

当番活動の極意：給食

# みんなで協力！給食当番

── **ねらい** ──

1年生は、自分たちの給食の配膳や片付けに、一生懸命に取り組みます。写真や掲示物を使って分かりやすく示し、全員が全ての仕事をできるようにします。

 一人一人の役割を明確に！

給食当番の仕事の指導は、今後の学校生活でずっと活用されていきます。学校の給食のきまりをよく確認し、安全で効率よく、時間内に準備ができるようにしなければなりません。初めは時間よりも安全・確実を意識して指導し、慣れてきたら次第に時間を意識して行動できるようにしていきます。

**仕事の全体像を把握させるため、役割分担表に全ての仕事を絵で表します。** 全員が自分の役割を把握し、順に仕事が回ることもつかませます。また初めは、教師がつくった見本を見ながら盛り付けさせると、適切な量が分かります。

下膳時は、給食当番だけ先に片付けさせて、残したものを戻す手伝いをさせる方法もあります。また、同じ種類のお皿を重ねてグループの友達と片付けるなど、実態に応じて効率よく片付けができるようにします。包装ビニールやストローなどの処理については、指導前によく確認しておく必要があります。給食当番の指導は、給食の時間に行うことが基本ですが、「学級活動（2）エ　食育の観点を踏まえた学校給食と望ましい食習慣の形成」や「学級活動（3）イ　社会参画意識の醸成や働くことの意義の理解」として取り上げて指導することも効果的です。

## 給食当番表

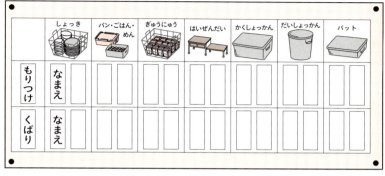

名札をマグネットや吊り下げ式にして、一週間ごとに役割をずらしていきます。

　給食当番は、全員が全ての仕事に関われるように、輪番制で行います。役割を変えながら、1年間で全ての仕事を経験できるようにしましょう。

　給食の準備や片付けの手順が身に付いてきたら、時間を意識して仕事ができるように声をかけましょう。食べる時間を20分間以上確保するため、子供同士で声をかけ合って協力できるようにします。

## 給食時計

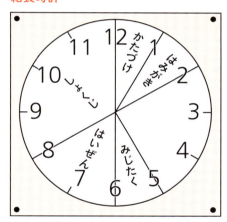

時計の読み方を学習していなくても目標の時刻が分かるよう、長針の位置でやるべきことを示します。
例：12:25 ～ 12:30　みじたく
　　12:30 ～ 12:40　はいぜん

### 給食当番の指導のポイント

　運搬時や配膳時、熱い食品を扱うときに、子供がやけどをすることがないように、安全への配慮が必要です。特に、身長の低い子供は、不安定な姿勢で仕事をすることになりやすいので、ステップを用意したり役割を変更したりするなど、工夫しましょう。

係活動の極意

# 達成感を味わわせる！係活動の極意

### ねらい

学級内に自分の役割を見付け、役割を分担することで、学級集団への所属感、活動への達成感を育てます。

## 一人一役から、小集団での活動へ向け、自分の役割を見付けよう

　入学後、学校生活において「あると便利な活動」を子供たちが見付けます。黒板を消す、電気を付ける、窓を開ける、机を整頓する、学級文庫をそろえる、健康観察表を保健室へ届ける。中学年では「それは係活動？　当番活動ではありませんか？」と考えられる活動です。

　**1年生では、活動を分担する、役割を分化するという観点から子供たちに役割を見付けさせることが大切です。**入学当初は全て先生が行っている活動を、「誰か手伝ってくれないかな」「みんなができることはないかな？」「2年生は子供たちがやっているね」等と投げかけることで、子供たちは「自分たちが見付けた活動」であるという思いを強くします。役割を分化し、一人一人の達成感をもたせる観点からも、一人一役から始めることが考えられます。

　2学期のスタートを迎えた時点で、「○○さんがお休みしたとき、□□の活動で困ったね」「お友達と協力して活動できるといいね」等の投げかけをすることで、一人一役の活動から小集団での活動に発展することができます。このとき1学期に一人一役で行った活動を大いに褒め、認め、たたえることで、滑らかに少人数での活動に進展することができます。

## 1年生の係活動の進め方

例　「学級活動（1）イ　学級内の組織づくりや役割の自覚」で扱います。

### ①一人一役の活動づくり（1学期）

学級内にあると便利で、先生が毎日行っていることの中から、自分たちが分担できそうなことを見付けます。

学級の人数分の役割が見付からなかった場合は「○曜日担当」「○休み時間担当」として交替で行うなどして対応します。

所属は希望を優先します。集中した場合は、左に記したように活動を分けるなど工夫します。

### ②小集団への活動へ（2学期）

1学期の活動を十分称賛し、「もっとやってみたい」「みんなのために役立ちたい」という気持ちを高めます。

1学期の係で統合できる活動、新しくあったほうがよい活動を話し合います。

他の学年の係活動の様子を調べる活動を取り入れてもよいでしょう。

### ③学級内の私の居場所（2学期）

　係活動コーナーを工夫します。「係ポスターにメンバーの写真を入れる」「活動への思いを入れる」などはもちろんですが、活動計画書や学級のお知らせを掲示するなど様々な工夫ができます。

―― 係活動のポイント ――

　就学前の環境によって役割分担の経験の差があります。「こんな活動があると便利」「みんなのために役立つ」という観点から係の仕事を見付け、活動を称賛することでさらに意欲が増します。日直、清掃、給食等の当番活動と分けて考えることで、2年生での係活動の充実へとつながります。

学年だより・学級通信

# 学年だより・学級通信のつくり方の基本

**ねらい**

行事予定、連絡だけではなく、子供たちの様子が伝わる学年だよりを発行することで、保護者の安心感、学校（学級）への信頼感を高めます。

##  子供たちの活動が見える学年だよりを工夫しよう

保護者と学年、学級との架け橋が学年だより、学級通信となります。

保護者会、学級懇談会等は毎月実施することは難しく、保護者からすると子供たちの学校での様子が分かる一助が学年だよりとなります。月の行事予定、持ち物、連絡、集金のお知らせ等はもちろんですが、子供たちの活動の様子が分かる学年だよりとしたいものです。

学年だよりを作成する際には、事前に学年集会を開き、記事に掲載する内容等を学年内で共通理解することが大切です。行事予定や集金日、集金方法はその月で間に合いますが、図画工作科や生活科で家庭に準備してもらう教材等は余裕をもって知らせることが望まれます。子供たちの活動の様子の分かる写真を掲載する場合には、学年内で順番を決める、全ての学級を掲載するなど公平に掲載することなどを配慮します。

作成を学年内で輪番にする場合には、**レイアウトを統一しておく**ことが保護者にとって見やすいポイントとなります。

年度当初は毎日、次の日の予定、持ち物、連絡を保護者に伝えるための発行となります。次の日の予定から週の予定へと移行し、月1回発行の学年だよりとなる学校が多いようです。朝の会や帰りの会で説明してから配付し、子供の意欲を高めます。

第2章 これで完璧！ 1年生の学級づくりのコツ

## 学年だより（例）

リード文には前月の子供たちの活動の様子、今月行われる活動で期待することを記載します。

行事予定はカレンダー形式、表形式かを学年で統一します。

写真を使用する場合はプライバシーに関わるため、学年始めに保護者や管理職とルールを決めます。

家庭へのお願い事項は、強調して書きます。

## 学級通信

学級通信については、発行するかどうかを学年内で共通理解することが大切です。発行するのであれば全学級が発行します。内容については、学年だよりと重複しない内容（子供たちの活躍の様子が中心）を吟味します。発行時期は定期的なのか、不定期なのか保護者に事前に知らせます。保護者は学級通信に記載された子供たちの様子を楽しみにしています。なお、発行に当たっては、管理職の決裁を経てから発行します。また、学級通信では、家庭との相互のやりとりができる工夫をしましょう。

――― 学年だより・学級通信のつくり方のポイント ―――

保護者と学校を結ぶ架け橋として、その学年の学習や学校行事などの内容はたよりを見れば分かるようにします。子供たちの活躍を掲載しましょう。

席替えの仕方

# みんなワクワク！
# 席替えの仕方

**ねらい**

席替えを通して新しい小集団での人間関係づくりを行います。また、身体的な配慮を行うことで学習環境を整え、学習効率を高めます。

 ## 一人一人の子供に学びやすさ、過ごしやすさを

子供にとって、学校生活の大部分を過ごす場所となるのが座席です。

4月当初は名簿順の座席をもとに生活グループをつくり、給食を食べたり、清掃当番を分担したりして人間関係づくりを行うこととなります。

席替えに当たっては、子供たちの人間関係（幼稚園、保育所での関係）や、身体的状況（身長、視力、聴力など）、学習効率（特別な支援が必要などの配慮の有無）等を考慮して教師が決定することになります。第1回の席替えは、学級懇談会や家庭訪問等で保護者から子供たちへの配慮事項を聞いてから行うのがよいでしょう。子供たちからの座席配置の希望をとることもよいですが、**くじで決めるということがあってはなりません。**

座席を発表したら、簡単な「自己紹介」の時間をとり、お互いの人間関係をつくりやすい状況を設定します。1年生でも、「おそうじリーダー」「給食リーダー」といった場面リーダー制を経験させることができます。誰もがリーダーシップやメンバーシップを経験することができるようにしていくことが大切です。生活グループの競争で意欲を高めるのではなく、生活グループ内、メンバー同士が温かな人間関係となるようにすることが大切です。

「学級活動（1）イ　学級内の組織づくりや役割の自覚」と関連しますが、朝の会や帰りの会で実施することができます。

## ①○○グループどうぞよろしくの会

　同じ班になった友達と、短時間での自己紹介を行います。得意なこと、好きな食べ物等を紹介します。「私は、○○が得意な□□さんの隣に座っている△△です」「私は○○が得意な□□さんの隣に座っている、△△さんの後ろに座っている☆☆です」といった紹介の仕方も盛り上がります。

## ②場面リーダー制の一例

　隣同士や班での話合いの司会、給食時の片付けの分担、体育時の学習用具の出し入れ、配りもの・集めものなどを順番に行っていくことなどを通して1年生なりのリーダー性が育まれます。これらの活動を曜日で分担し、「朝の会」で「今日のリーダーは立ってください」と紹介し「帰りの会」「今日のリーダーさんに拍手しましょう」とするだけでもやる気と自覚が生まれます。

今日のリーダーは僕だよ。昨日は○○さんに助けてもらったから協力するよ。

## ③座席配置の留意点

　年度当初の視力検査、聴力検査、家庭訪問での配慮事項を参考にします。集中力が途切れやすい子供の場合、窓際の座席は避けましょう。

## ④教室環境との関係

　エアコンの吹き出し口、ストーブの位置等、健康面で配慮する事項も考慮します。冬場に、「うちの子はいつもストーブから遠く寒い思いをしている」といった声を保護者から聞くこともあります。

―― 席替えの仕方のポイント ――

　学級には困難さを抱える子供が必ずいます。特定の子に任せるのではなく、学級全体での助け合いの一助となるのが席替えです。席替えを通して、学級全体が助け合い、お互いを大切にする温かい雰囲気をつくることが大切です。

学級懇談会

# 保護者との信頼関係を築く学級懇談会

**ねらい**

入学後の学級懇談会は、6年間の学校への信頼関係の始まりとなる出会いの場となるため、保護者との信頼関係を築く学級懇談会をつくります。

## 安心して参加できる学級懇談会をつくろう

　第1回学級懇談会は、保護者と担任の信頼関係を育む大切な活動です。
　この頃には子供たちも学校生活に慣れ始め、緊張もほぐれ、徐々に本来の様子が見えてきます。また、学校生活への不安や、不満が表れ始めるのもこの時期です。学校は一人一人の子供を大切にしていること、子供を支える各家庭も大切に考えているということを伝える場となります。
　入学式後に行われる出会いは短時間なので、入学後の様子を伝える最初の保護者会が、担任の教育方針等を保護者に伝える場となります。保護者への連絡事項については、事前に学年内で検討し、歩調を合わせることが大切です。
　入学後、一人一人の子供たちが頑張ったこと、得意なことを記録し準備すること、学級集団としての伸びを紹介する機会でもあります。学校教育目標、学年教育目標を受けて、学級経営方針を伝え、子供たちの思い、保護者の願いを大切にしながらつくった学級教育目標を説明する機会ともなります。
　学級内の保護者との面識がなく不安に思っている方がいることも考えられます。**「保護者の」学級活動として、「アイスブレイク」の活動を導入するなど雰囲気づくりも重要となります。**保護者会は直接授業との関連はありませんが、次ページの②については「学級活動（3）ア　現在や将来に希望や目標をもって生きる意欲や態度の形成」に関連します。

## ①学級の子供たちのよさを伝える

　「1年生を迎える会」「どうぞよろしくの会」といった活動の様子や発育測定、学校探検での出来事から見取った子供たちのよさや頑張りを伝えます。可能であれば各活動の様子の写真や映像を見せるようにします。また、保護者は「友達はできたかしら」「一人でいることはないかしら」といった不安を抱えています。子供たちの友達関係の様子を把握しておきましょう。

## ②学級経営方針を伝え、保護者の願いを受け止める

　担任としての学級経営方針、子供たちの学級への思いを伝えます。今後、学級教育目標を作成することを伝え、保護者の方々の学級への願いについてのアンケートを実施することを伝えます。学級教育目標決定後は、学級通信等でお知らせすることを伝え、協力を仰ぎます。

## ③保護者同士が仲よくなるアイスブレイクの活動を行う

　学級懇談会は保護者にとっても、ある意味ハードルが高い行事です。「知らない保護者ばかりだし」「幼稚園や保育所で同じクラスだった子はいないし」といった理由でなじめない保護者も少なくありません。学級懇談会で保護者同士が仲よくなり、子供たちのために協力できるようにすることが大切です。さいころトークや、自己紹介ゲームといった活動を短時間で行うことで雰囲気づくりを行い、コミュニケーションを図るようにします。

幼稚園のときは引っ込み思案だったけど、学校では元気にやっていて安心したわ。

ご近所に知り合いも少なかったけど、○○さんのお母さんとお友達になれてよかった。

### 学級懇談会のポイント

　教室入り口に、今日の授業内容や学級懇談会へ参加してくれることへのお礼を掲示します。日頃からの協力に対する保護者への感謝の気持ちを表し、保護者の安心感を生むことがポイントです。「先生はうちの子のよさを分かってくれる」と感じ取ってもらうことが信頼関係を構築するスタートです。

健康指導

# 1年生の健康指導が土台をつくる

**ねらい**

小学校生活スタートに当たり、健康に関する基本的な生活習慣を確立することで、小学校生活を健康的で豊かに過ごせるようにします。

## 📖 基本的な生活習慣を確立し、健康な生活を

　集団生活を過ごす上で自分が健康に生活することは、友達の健康を守ることにもつながります。朝の会で「ハンカチ、ちり紙」の持ち物確認、爪の長さを確認している学校もあります。子供の中には、確認時だけハンカチ、ちり紙を用意し、普段はランドセルの中に入れっぱなしという子供もいるようです。**手洗いをした後は、清潔なハンカチでぬぐう。鼻水が出たときは、ちり紙で鼻をかむ等、日常的にできるようにします。**

　うがいは、風邪や感染症予防のためにも大切です。外遊びから帰ったら必ず手洗い・うがいをする習慣を付けることが大切です。風邪やインフルエンザが流行する時期には休み時間毎にうがいを励行する学校も増えています。

　給食後の歯磨きでは、うがい用のコップ、歯ブラシなどを給食後いつ準備し、どのように取り組むかを保健部を中心に学校で共有します。

　洋式便所で育った子供たちには、和式便所がいまだ多い学校でのトイレの使用方法の指導も必要となります。また、学校では指導しづらいですが朝食欠食の子供も見られます。一人一人の子供を健康に育てましょう。

　「学級活動（2）ウ　心身ともに健康で安全な生活態度の形成」で指導します。年度当初にも指導しますが、感染性胃腸炎やインフルエンザ様疾患が流行する時期には再度指導すると効果的です。

## ①清潔な手のために

手洗いは、健康な生活習慣の基本です。トイレの後や休み時間の後に必ず行うように繰り返し指導します。

子供の中には石けんの香料へのアレルギーがある子供もいます。保健調査票等での確認が必要です。

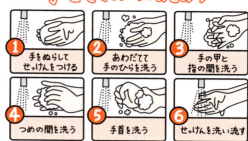

## ②がらがらうがい、ぶくぶくうがいを効果的に

風邪予防には「がらがらうがい」、虫歯予防には「ぶくぶくうがい」と目的に分けて指導します。がらがらうがいでは流しの天井に絵を付けて、上を向いてうがいをするための配慮も効果的です。

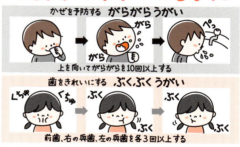

## ③歯磨き指導は時間を決めて

歯ブラシ、水を入れたコップを給食配膳前に机に準備します。給食後、自分の席で歯磨きをします。学校では、食後の歯磨き習慣を付けることが大切です。磨き方については家庭と連携し、しっかり磨けるようにします。

――――― 健康指導のポイント ―――――

ここで示したのは、健康指導の第一歩です。早寝・早起き・朝ご飯など、家庭との連携が必要となります。学年だよりで協力を依頼することも必要となります。

連絡帳の活用

# 家庭との連携を深める連絡帳のつくり方

― ねらい ―

家庭との信頼関係を育み、1年生でも無理なく記入でき、子供の成長を共に進める連絡帳をつくることが大切です。

## 学校と家庭の橋渡しとなる「連絡帳」

入学直後は、学年からのおたよりという形で、明日の予定や1週間の予定、学習内容や持ち物等を家庭に連絡します。第1回目の保護者会で「連絡帳の使い方」について説明し、共通理解を図ります。

連絡帳は就学前の入学説明会時に連絡袋（連絡帳が収納でき、配付物が入れられるジッパー付きの袋）とともに一括購入する学校が多いようです。保護者からの確認印が記載されているものを選ぶとよいでしょう。

子供たちに、連絡帳に翌日の連絡等を記入して保護者に確認印を押してもらうという習慣を付けるために、文字を書くことに時間がかかる入門期には、連絡事項を印刷したものを連絡帳に**「貼る」**ことからスタートするのもよいでしょう。文字を視写することができるようになってから、子供の字で記入するようにします。

連絡帳は、「文字」として残るものです。**子供の「よさ」や称賛することを伝えるために使います。**誤解を生じさせないためにも、指導しなければならない内容や説明を要する内容については、保護者に直接連絡したり電話を使用したりして伝えることが求められます。

朝の会や帰りの会での指導内容ですが、「学級活動（3）ウ　主体的な学習態度の形成と学校図書館等の活用」と関連して指導することができます。

第2章 これで完璧！ 1年生の学級づくりのコツ

### ①連絡帳は朝一番に集め、家庭からの連絡を見落とさないようにする

家庭からの連絡事項がある場合（早退、健康状況の連絡等）、担任が知り、緊急時には管理職に必ず伝えます。朝一番に内容把握をしましょう。登校したら連絡帳を提出するコーナーを設けている学校では、「閉じて出す」「記載面を下にして出す」など、プライバシーの配慮に気を付けましょう。学級内での提出場所についても、多くの人から目に入る廊下側を避けます。

### ②一筆には「褒める」「やる気を讃える」内容を書き加える

連絡帳に家庭から一筆記入があった場合の回答については前述した通りですが、返事に子供を褒める内容「友達とよく遊んでいる」「授業中の姿勢がよい」「係、当番活動での活躍」を一言入れることで保護者の安心感につながります。家庭からの連絡事項がない場合にも、日に何人かずつ活躍の様子を短文で伝えることも効果的です。

先生に連絡するのって、気が引けたけど、すぐにお電話いただけて安心したわ。

連絡帳に子供のよいところを書いてくれるのでほっとします。

### ③時間短縮、記入が苦にならない連絡帳とする

🅛…宿題、🅡…連絡、🅜…持ち物　🅣…手紙等、記号化することで記入時間を短縮する学校が多いようです。また、連絡帳の記入については帰る間際ではなく、記入のチェックができる時間を設定することが望ましいでしょう。また、市販の連絡帳は行タイプのものがほとんどです。国語ノートのようなマスを印刷し、連絡帳に貼ることも効果的です。

| れ | て |
|---|---|
| た | ー |
| い | ま |
| い | い |
| く | |

――― 連絡帳活用のポイント ―――

連絡帳は6年間使用する学校が多いようです。1年生から毎日学校で記入し、家庭で確認するという習慣の土台をつくりましょう。連絡帳に保護者の確認印等がなかった場合、電話などで連絡し、習慣化を促します。

学校行事　完璧指導①：遠足

# みんなが活躍し、思い出に残る遠足

### ねらい

小学校生活第一歩。子供たち一人一人が活躍し、思い出に残る遠足になるようにします。

## 事前準備と役割分担をしっかりと

遠足は、校外の豊かな自然や文化に触れる体験を通して、学習活動を充実・発展させます。また、集団活動を通し、教師と子供、子供同士の人間的な触れ合いを深め、楽しい思い出をつくります。遠足を通して基本的な生活習慣や公衆道徳などについて、体験から学び、互いを思いやり、共に協力し合ったりするなどの人間関係を築く態度を育てることができる活動です。

就学前において、保護者同伴の遠足や近隣の公園への徒歩遠足、遊園地へのバス遠足など、子供の経験は多様に考えられます。小学校では、バス遠足、徒歩遠足などが考えられます。子供たちに、多くの役割分担やリーダー体験をさせることにより、多くの価値ある活動となります。

学校を離れ、校外での活動となるので安全面での配慮が第一です。学年内での綿密な計画づくりが活動の第一歩となります。**前年度踏襲ではなく、事前の実地踏査、困難さを抱える子供への配慮、家庭との連絡など、事前に行わなければならないことがたくさんあります。**

次ページに示しますが、子供たちへの事前指導（安全面、健康面、ねらいの達成に向けて）が大切です。

「学級活動（1）ウ　学校における多様な集団の生活の向上」「学級活動（2）ウ　心身ともに健康で安全な生活態度の形成」と関連して指導します。

## ①健康面への配慮

日常と異なる校外活動では、次のような配慮が必要です。植物アレルギー、食べ物アレルギー、持病、怪我等を把握します。救急バッグの持参はもちろんですが、自然の多い場所に行くときは植物や動物のアレルギーについて保健調査票をもとに確認します。食物アレルギーは保護者がお弁当をつくるので安心ですが、友達とのおかずの交換や、お菓子交換は禁止します。

## ②安全面への配慮

現地への交通手段に加え、高低差、湖沼・河川、遊具の状態等の確認が必要です。また、人数に見合ったトイレの数や経路の確認も必要です。トイレットペーパーの持参は必須です。

## ③家庭との連携

弁当、おやつを持参する場合、事前に家庭への連絡が必要となります。雨天時の対応もあわせ、分かりやすく伝えておくことが大切です。

## ④豊かな体験のための役割分担

現地にてグループで活動する場合、役割分担を工夫することができます。グループのめあてや約束を事前に考えさせ、係を分担することが考えられます。係にはリーダー、保健、クリーン係などが考えられます。

## ⑤学校の顔としての活動

学校内では下学年である１年生も、校外では学校の代表です。あいさつ、集団での行動、片付け、場所によっては自分たちより年下の就学前児童への対応など、様々なことが予想されるため、マナーの大切さを指導します。

## ⑥まとめを生かすための活動

遠足などの校外での活動をただ体験するだけでは学習効果は得られません。自然体験、交流体験、役割分担経験などをその後の学校生活に生かせるようにします。

**事前** ①〜④　**当日** ⑤　**事後** ⑥

---

### POINT　遠足のポイント

学校を離れての活動は、事前の準備が肝要です。無事に行ってくることはもちろんですが、天候によっては現地と再調整が必要となることが考えられます。学年内で役割分担をし、相互で確認することが大切です。

学校行事　完璧指導②：運動会

# 楽しもう！
# 初めての運動会

**ねらい**

小学校生活初めての運動会に、意欲的に参加し、一人一人が思い出深い運動会となるようにします。

##  意欲をもって練習に取り組める運動会

最近では、春に運動会を行う学校が多くなっているようですが、ここでは秋に実施する運動会について考えていきます。

各学級毎の運動会の「テーマ」を話し合って決めたり、児童会活動で運動会の「テーマ」を考えたりして、それに向けて全校で取り組み、チーム毎の得点種目や全校種目に反映している学校もあります。**1年生でも運動会の個人のめあてを作成し、それに向けて自分がどう頑張るかを決定させます。**運動会の学年種目では「徒競走」「演技」「集団種目」を行う学校が多いようです。それぞれの種目について、練習ではどう頑張るかなど、毎日の振り返りを行うことで主体的に取り組めるようになります。

「演技」の内容（テーマ）については事前に子供に投げかけ、「こんなことをしたい」「こんな音楽がいい」「こんな小物を使ってみたい」といった意見を集め、学年内の教員で吟味します。学年会で決まったことをそのまま子供に伝えるよりも、練習への参加意欲が高まります。

「演技」「集団種目」については、配慮を要する子供だけでなく、一人一人が活躍できるように配慮することも大切です。

「学級活動（3）ア　現在や将来に希望や目標をもって生きる意欲や態度の形成」で指導することができます。

## ①一人一人の頑張りを伝え合う

　運動会では、「演技」の練習に多くの時間が割かれます。練習開始前に今日のめあてを確認し、練習後には「できるようになったこと」を確認します。練習後の自己評価、相互評価を行うことで次時へのめあて、努力点が見えてきます。子供たちが安心して練習に取り組むためにも、計画は余裕をもって作成することが大切です。運動会では事前に決めた一人一人のめあてに向け練習に取り組みます。帰りの会で自己評価し、記入するようにします。

| わたしは　うんどうかいで　これをがんばります。 | | | | | | | なまえ（　　　　　　　　） |
|---|---|---|---|---|---|---|---|
| わたしが　がんばるのは（　　　　　　　　　）です。（　　　　　　　　　）のようにがんばります。 | | | | | | | |
| 月／日 | 月／日 | 月／日 | 月／日 | 月／日 | 月／日 | 月／日 | （ふりかえりましょう）<br>◎いっぱい　がんばった<br>○がんばった<br>☆まえの　ひとより　がんばった |
|  |  |  |  |  |  |  |  |

## ②徒競走の発走順、演技する場所を保護者に招待状形式で伝える

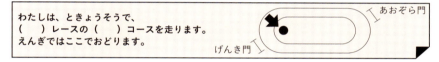

わたしは、ときょうそうで、
（　　）レースの（　　）コースを走ります。
えんぎではここでおどります。

## ③安全、安心が楽しい思い出となる

　初めての運動会の練習では、子供は大人が想像する以上に体力を消耗します。水筒の用意等の熱中症予防はもちろんですが、家庭の協力を得て、睡眠時間をとり、着替えの用意をするなどの準備が大切です。朝の健康観察だけでなく運動会の練習前、練習後にも健康観察を行う等十分な配慮が大切です。

―――――― 運動会のポイント ――――――

　運動会では、「練習させられている」という気持ちではなく、「できるようになった」「前の日よりも上達した」と感じさせることが大切です。自分たちが表現している様子をビデオ等で確認し、成長を確認できるようにします。

学校行事　完璧指導③：学芸会・音楽会

# 成功させよう！ 初めての学芸会・音楽会

---
**ねらい**

　1年生の発達の段階を考慮し、日頃の学習内容を生かした負担のない、一人一人が活躍できる音楽会・学芸会を目指します。

---

##  一人一人の子供が楽しめ、活躍できる学芸会・音楽会

　学芸会や音楽会は、子供が学校生活を楽しく豊かなものにするため、互いに努力を認めながら協力して発表し合うことにより、自他のよさを見付け合う喜びを感得するとともに、自己の成長を振り返り、自己を伸ばそうとする意欲をもてるようにすることを目的としています。

　**1年生では、これまでの学習内容を生かした学芸会や音楽会がその内容となるでしょう。**学芸会では、国語教材の暗唱、物語教材の劇化などが考えられます。暗唱では全員が担当する場面、個人やグループが担当する場面等を分けて分担します。

　劇を行う場合、大道具、小道具の準備が必要となります。全校児童を対象とする場合には、大きさ等の配慮も必要です。影絵やペープサートを行うことができる場合にも、台詞で全員が分担できるようにしましょう。

　音楽会では、合唱や合奏が考えられます。合奏の場合、鍵盤ハーモニカやカスタネットなど、全員が持っている楽器が基本となりますが、大太鼓、小太鼓、シンバル、鈴、木琴、鉄琴などを上手に分担できるようにします。

　ピアノの上手な子供がいる場合には学年で相談し、一部の子供だけが伴奏するのではなく、曲ごとに交代したり、他の鍵盤楽器等を分担したりします。

　「学校行事（2）文化的行事」となり、各教科等と関連指導できます。

### ①日頃の学習を生かした取組

近年、全校で暗唱に取り組む学校も多いようです。詩や教科書の教材を課題として1年生でも取組が見られます。暗唱では、「全員で」「かけ合い」などが考えられますが、学芸会に向けて新たに取り組むのではなく、日頃の学習の成果を発表すると考えましょう。

### ②教科書教材を元にした劇

教科書の音読の取組を家庭学習にしている学校は多いでしょう。音読を重ねることで、台詞については覚えられます。誰もがどんな役もできることを目指します。学校の人数によっては、劇と音楽を組み合わせた内容も考えられます。この際の留意事項としては、劇をする子供も、音楽を担当する子供も誰もが主役になれるような配置にすることです。

### ③子供が負担に感じない合唱、合奏

朝の会・帰りの会で歌う「今月の歌」、教科書に載っている曲を全員合唱にします。合奏を行う場合、学校にある楽器の分担を学年会で考え、分担することが大切です。振り付けを考えるなど子供のアイデアを生かし、主体的に取り組みます。

日頃の学習成果を発表する

――― 学芸会・音楽会のポイント ―――

日頃の学習内容を発表する場としてとらえましょう。学校行事で大勢の人の前で披露することで自信が付き、また、日頃の学習活動を一層大切にするようになります。一方、人前で表現することが苦手な子供への配慮も重要です。どの子供もいやな思い出とならないような工夫が大切です。

学校行事　完璧指導④：1年生を迎える会

#  所属感を深める！1年生を迎える会

--- ねらい ---

多くの上級生や先生が自分たちの入学を歓迎していることを知り、感謝するとともに、その学校の一員であることを自覚できるようにします。

##  新たな出会いを大切にし、学校の一員になる活動

　就学前教育の場（幼稚園、保育所等）では、最上級生だったのが小学校に入学したとたんに「小さい子」扱いされることに戸惑ったり、うれしがったりする1年生。1年生を迎える会は、そんな1年生のお披露目の場でもあります。入学式後、登校などでは他の学年とは触れ合いますが、それ以外の他学年の子供とは交流する機会がありません。

　各学校では、児童会活動の一環として1年生を迎える会が開かれます。入学後2週間ほどで実施される学校が多いようです。2～6年生のお兄さんお姉さんに、自分たちを知ってもらう場として会が催されます。ここでは**1年生を迎える会での出番**について考えていきます。

　プログラムとして多いのは、各学年2～6年生までの紹介後に「1年生のことば」と続きます。学年で相談し、1年生全員が歌える歌を歌ったり、「1年1組です」「1年2組です」……と学級名を紹介したり、人数が少ない学校では、担任が呼名し返事をしたり、自己紹介をしたりと学年の人数によって内容は様々なことが考えられます。近年、授業時間の確保から、朝の短い時間で会を運営する学校が増えています。短時間でも思い出の残る会にします。

　「学校行事（2）文化的行事」や「児童会活動（2）異年齢集団による交流」などで指導します。

### ①校歌

　学校によっては上級生からの歌のプレゼントとして「校歌」を歌う学校があります。

　1年生が入学後すぐに一緒に校歌が歌えたらすてきです。子供たちに無理がなければ「学校の歌」として覚えさせてはどうでしょう。

　校歌が難しい場合、「1年生になったら」などの1年生がみんな知っている曲を大きな声で歌うのも思い出に残ります。歌詞をアレンジして替え歌にするのもよいでしょう。

> **1年生を迎える会「プログラム」**
> 1年生入場
> (1) はじめの言葉
> (2) 校長先生の話
> (3) 1年生を迎える言葉
> 　　（2～6年生）
> (4) 校歌
> (5) 1年生の言葉
> 　　（どうぞよろしく）
> (6) 終わりの言葉
> 1年生退場

### ②「どうぞよろしく」の名刺

　この時期の1年生はいまだ自分の名前を書くことはできません。しかしながら読むことはできるでしょう（入学説明会で自分の名前が読めるようにお願いしている学校が多い）。少し大きめの名刺を担任がつくり、1年生の子供たちが自分の好きなマークや絵を書きます。児童数が少ない学校では、「1年生からのことば」の後で2～6年生に名刺を渡し、握手をするのも楽しい活動となります。

### ③呼びかけ

　「お兄さん、お姉さん、たくさん遊んでください。よろしくお願いします」。こんな短い呼びかけでも、全員が声をそろえて言えたら在校生も喜びます。学年会で各学級の特徴を出し合い、「1年1組は○○なクラスです」「1年2組は■■なクラスです」とクラスごとに行うのもよいでしょう。

**―― 1年生を迎える会のポイント ――**

　入学後、間もない時期に行う活動です。○○小学校の一員になれたという自覚が高まる活動にすることが大切です。学級や学校への所属感が深まる内容を児童会活動として考えましょう。

# 第3章

子供たちに学ぶ楽しさを！
## 1年生の授業のコツ

授業に入る前に　Check Point ①

# 鉛筆指導

**ねらい**

小学校での学習は、どの子供にも「正しい」筆順や鉛筆の持ち方を学ぶことの大切さを理解できるようにすることが大切です。

## 入門期の指導について～鉛筆指導～

　小学校で初めて学習するのが文字です。この時期の文字学習がその後の学習に対する意識や態度に大きく関わってきます。1年生のこの時期に文字を書くことに対する関心や意欲を高めることが大切であり、書写学習は、学習全般の土台をつくる時間とも言えます。

　幼児期に文字に興味・関心をもち、進んで文字を書こうとした子供の多くは、自己流の書き方になりがちなので、入学時には、自己流の「鉛筆の持ち方」「筆順」となっている場合があります。この場合、改善することが指導の中心になるかもしれませんが、自己流であっても自分なりに獲得したものであるので、文字に対する関心・意欲をそがないように気を付けることも大切です。

　<u>正しい鉛筆の持ち方は、一斉指導と個別指導で具体的に繰り返し、定着できるようにします。</u>なかには左利きの子供もいます。そのときは、保護者の方針を確認して指導に当たります。左利きの指導では右利きをそのまま反転したような持ち方や姿勢を指導することがよいようです。正しく鉛筆が持てたら、いろいろな線を書く練習をします。線を書くための始点と終点を意識することは、文字を構成する点画につながります。また、手首を柔らかくするウォーミングアップにもなることから大切にしたい指導の視点です。

## 鉛筆の持ち方

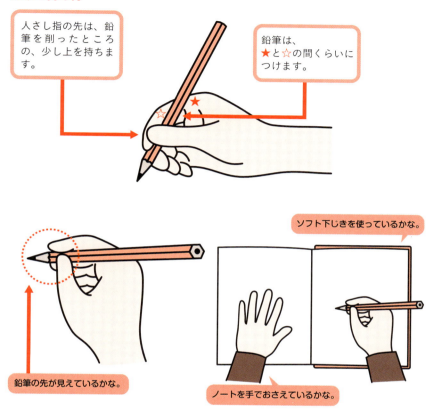

人さし指の先は、鉛筆を削ったところの、少し上を持ちます。

鉛筆は、★と☆の間くらいにつけます。

鉛筆の先が見えているかな。

ソフト下じきを使っているかな。

ノートを手でおさえているかな。

── 指導のポイント ──

「学級活動（3）ウ　主体的な学習態度の形成と学校図書館等の活用」にあるように、自己のキャリア形成と関連付けながら自ら進んで学習に取り組んで次に生かす主体的な学びになるよう、日々の生活において教師から声かけをしていきます。また、正しい鉛筆の持ち方をいつでも確認できるように、図や写真、映像資料を常時掲示しておくと効果的です。

授業に入る前に　Check Point ②

# 姿勢の指導

---
**ねらい**

　文字を書くときの姿勢は、書写学習だけでなく、どの教科の学習にも関係がとても深いものです。正しい姿勢の指導は、1年の入門期において最も大切な指導項目です。

---

##  入門期の指導について〜姿勢の指導〜

　文字を書くための正しい姿勢は、基本的に違いはありません。1年生のこの時期に繰り返し指導し、正しい姿勢を身に付けさせたいものです。近年は、背筋力が弱く、正しい姿勢を保ちにくかったり、なかには足を組んでしまったりする子供もいます。

　子供たちが、自分の体を使って自分で姿勢を確認できるようにしていきます。**手のひらを背中に当てて、背筋が伸びているか確認したり、机と体にこぶしを挟んで空き具合を確認したりします。**写真などから、頭で正しい姿勢を理解させるだけでなく、体を動かして実際に自分の姿勢を確認する方法も効果があります。1年生の子供の中には、自分で確認するのは難しい子供もいると思われます。そのようなときは教師が、手を添えて動かしたり、書き進むにつれて用紙が自分の体の中心にくるように用紙をずらすことを教えたりします。

　授業中だけでなく、子供たちと**「足ぺた　ぴん　とん」**などと一緒に唱えながら正しい姿勢を確認するのも効果的です。学級の約束ごととしておき、姿勢が崩れてきたときには、「ぴんだよ」と声かけを常に行っていくことが大切です。

第3章 子供たちに学ぶ楽しさを！ 1年生の授業のコツ

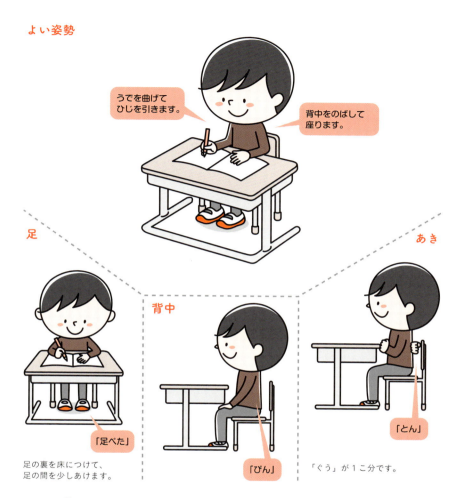

「足ぺた　ぴん　とん」と一緒に唱え、正しい姿勢を確認する

──── 指導のポイント ────

　正しい姿勢がとれるということは、心身の機能や発達、心の健康にも関わってくる大切なことです。「学級活動（2）ア　基本的な生活習慣の形成」との関連を図り、正しい姿勢を身に付けるようにすることが大切です。

授業に入る前に　Check Point ③

# ノート指導

---
**ねらい**

早い時期に、ひらがな、カタカナ、数字をしっかりと正しく書けるようにするために、授業中に書く時間を計画的に取り入れ、書くことに慣れさせていくようにします。

---

## 入門期の指導について〜ノート指導〜

ノートの役割としては、**「練習して定着を図る・記録を残す・思考力を高める」**ということが考えられます。1年生の子供たちは、入学してから、平仮名、数字、片仮名、漢字を覚え、言葉や文を読んだり書いたりするようになりますが、その習得のためには練習が欠かせません。授業の大事なポイントを書いておくことで、忘れにくくなったり、後で思い出すことができたりします。自分の考えを書くことで思考を深めることにもつながります。

入門期には、正確で丁寧に文字や数字を書く習慣を付けるようにします。そのためには、「正しい姿勢」と「正しい鉛筆の持ち方」の指導が大切です。子供が書きやすいように、板書は、子供のノートと同じマスの黒板を使用して同じ文字数で書きます。マスいっぱいに丁寧に書くように指示します。

**「子供のノートの基本は教師の板書である」**と言っても過言ではありません。板書計画をしっかりと立てて授業に臨むことが必要です。また、教師の励ましや友達からの称賛は、子供の書くことに対する意欲を高めます。子供のノートを集めて朱書きを入れたり、子供同士でノートを見て、それぞれのよさを認め合ったりすることも、書くことに対する意欲を高める手立てになります。

## 基本的な書き方

①日付を書く　②教材名〔単元名〕を書く　③本時のめあてを書く
④間（マスや行）を空けて、読みやすくする　⑤線を引くときは、定規を使う
⑥色鉛筆などを使って、工夫して書く　　　⑦ゆっくり丁寧に書く

## 国語ノート

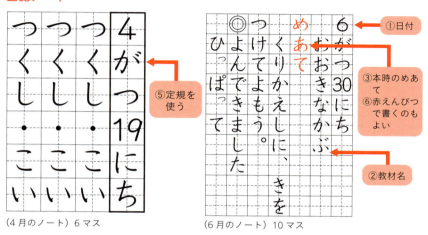

（4月のノート）6マス　　（6月のノート）10マス

## れんらくノート

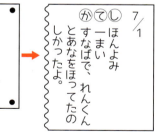

―― 指導のポイント ――

　ノートを書かせた後は必ず集めて、子供たちの頑張りを褒めてあげましょう。「学級活動（3）ウ　主体的な学習態度の形成と学校図書館等の活用」との関連を図り、しっかりと書けたことや自分の考えを書けたことにコメントを付けて褒めることにより、子供の学習意欲をさらに高めます。

国語科の指導のコツ

# ひらがな指導は基本に忠実！

---
**ねらい**

「足ぺた　ぴん　とん」と唱えながら正しい姿勢を子供たちと一緒に確認し、「さぁ　書こう！」と言って、楽しい雰囲気の中でひらがな練習を始められるようにします。

---

## 「さあ、はじめよう！」　ひらがなのれんしゅう

　入学前に、自分の名前が書ける子供たちが増えています。しかし、文字や点画、筆使いに対する意識は低いと思われます。個人差があるので、**全く経験がないことを前提に指導に当たることが大切です。**正しい文字を書くためには、筆記具の持ち方や姿勢が大事なことは言うまでもありませんが、その他に筆順や点画・筆使い、字形などを大切に指導します。

　まず、子供たちが、ひらがなを書けるように、たくさん書く機会を設けます。文字は、書くことによってしか定着しません。書く活動を工夫し、子供たちが「書きたい！」という気持ちになるようにすることが何より重要です。

　ひらがなの字形は漢字に比べると簡略と言えますが、ひらがなの線はほとんど曲線から成っているので、漢字より書くのが難しいという点があります。指導のポイントとしては、まず、曲線が主体であることに気付くようにし、クレヨンなどを使って紙に大きく書かせ、動きを理解できるようにすることが効果的です。また、終筆の**「とめ」「はらい」「はね」は重点的な指導が必要です。**大きく書くようにするなどし、終筆の違いを理解できるようにして、終筆の形を整えることが文字を正しく書く上で大切な視点です。

## ①「止め」と「はらい」

「止め」
終筆まで同じ太さ。
ピタッと止める。

ピタッと
止めるんだね。

「はらい」
だんだん細くなり、
終筆がとがっている。
筆圧をだんだん弱め
てスーッとはらう。

スーッとはらうんだね。

※子供たちは、全て「止め」になりがちなので、「ピタッ」「スーッ」と声に出して練習しましょう。

## ②筆順

正しい筆順で書くと、書きやすく、字形をとらえやすいことを教えます。

（マスつき黒板を使って）
①1～4の部屋を決める。
②書き始めと終わりを教える。

## ③外形

「真四角の形・縦長・横長」の形などいろいろな形があることを知ります。

だいたい　　たてなが　　よこなが
ましかく

※習った文字は、教室に掲示しておき子供たちがいつでも見られるように工夫します。また、50音順に習った字を示していき、最終的に50音表が完成するようにしたり、大きな紙を用意し、順番に子供たちに一文字ずつ書かせたものを掲示したりする方法も考えられます。

---

### 指導のポイント

「学級活動（3）ウ　主体的な学習態度の形成と学校図書館等の活用」にあるように、学ぶことに興味や関心をもち、自ら進んで学習に取り組めるように、子供たちが書いた最初の文字として、自分の名前などを掲示することも考えられます。低学年の子供は筆圧が弱く、濃い線を書こうとして持ち方が乱れることがあるので、芯の柔らかい鉛筆を使うようにすることが大切です。

国語科の指導のコツ

# 読み聞かせは「本好き」への第一歩

## ねらい

1年生の子供たちに、本を読む楽しさや人から本を読んでもらう喜びを味わわせ、さらに、自分で本を選ぶというわくわく感を味わえるようにします。

「せんせい、おはなし よんで」

新しく学校生活がスタートして、間もない子供たちですが、どの子供にも本に親しめるように指導することが大切です。特に、本を読むことは楽しいことだという実感がもてるように支援したいものです。

子供たちが本に親しめるようにするための有効な手立てが、「読み聞かせ」です。**読み聞かせは、子供たちが想像力を養い、自分で本を探す興味と選択力を身に付けさせるのに有効な活動になります。**読み聞かせでは、自分が選んだ本だけでなく、友達が選んだ本も読み聞かせをしてもらうことができます。それによって、新たな本の世界が広がることは、ジャンルの偏りがちな幼い子供たちにとって、本との出会いを広げるよい学習になります。

低学年向けの本や図鑑は、挿絵や写真が大きな位置を占めています。絵を見せて想像を膨らませて続きを読むなどの多様な工夫が考えられます。また、学校図書館で本を選ばせたり、学級文庫にいろいろな本を準備して、いつでも手に取れるようにしたりする工夫も効果があります。

「学級活動（3）ウ　主体的な学習態度の形成と学校図書館等の活用」の時間を使って、読み聞かせをした後に学校図書館へ行き、図書館の使い方の指導を行うことも考えられます。

## 本好きの子供を育てるために

### ①教師の「読み聞かせ」：想像を膨らませながら聞く

### ②学校図書館へ行って本を選び、新しいジャンルにも興味をもつ

※ブックバッグは常時机の横にかけておきます。

### ③「読み聞かせ」をした本を教室に置き、自由に手に取れるようにする

### ④「読書の木」の掲示物をつくり、日常の読書指導へつなげる

（学級文庫）　　　　　　　　（子供の感想を掲示）

――― 指導のポイント ―――

　図書室でなかなか本を選べない子供には、一緒に本を選んであげましょう。また、「読み聞かせ」は継続して行うことが大切です。司書教諭や図書ボランティアの方にも協力を得て、事前に準備し、本への興味・関心を高めます。

国語科の指導のコツ

# 定番教材「おおきなかぶ」の授業

---**ねらい**---

繰り返しの言葉や文章のリズムを生かし、物語を想像して、学級みんなで楽しみながら、「おおきなかぶ」の音読劇をしていきます。

 ## 役割読み・動作化を通して〜おおきなかぶ〜

　ロシア民話「おおきなかぶ」は、典型的な民話の語り方、話の展開である教材です。おじいさんが種をまき、大きく育ってなかなか抜けないかぶを、人や動物が次々に加わって力を合わせ、最後にようやく抜くことができます。栽培の喜び、協力の喜び、収穫の喜びにあふれた物語です。最後に小さなねずみが登場して、かぶが抜けるというところに感動があります。
　「おおきなかぶ」は、繰り返しのあるリズミカルな話です。繰り返しの部分は単純な繰り返しではなく、表現が微妙に変化します。そのおもしろさを声に出して楽しませたり、役割読みや動作化を通して、登場人物がどのような順番で出てくるか、その登場人物が何をするのか、結末はどうなるのかなど、話の内容を**「順序」「行動」**に着目して読ませたりしていきましょう。
　**内容と表現のおもしろさを音読する方法に、教師と子供とのかけ合いがあります。**初めは「うんとこしょ、どっこいしょ」だけを子供が音読し、残りは教師が読み、徐々に子供たちの分担を増やし、最後には全部を子供が音読します。また、登場人物に応じて役割を決め、かけ声をかける人数を増やしていく方法もあります。声を出すことが苦手な子供も、自然に声が出るようにしていきます。

## 役割や読む分担をする

　グループごとに役割や読む分担を決めるのもよい学習となります。

※分担を決める際は、全員の子供が活躍できるように配慮しましょう。

| （ナレーター） | おじいさん | ねことねずみ | （ナレーター） |
|---|---|---|---|
| ぜんいん | おばあさん | まご | ねこ | いぬ | ねずみ | 六人 | ねこは、ねずみをよんできました。 | かぶをおじいさんがひっぱって、 | じゅうに、えんぎする | おじいさんをおばあさんがひっぱって、 | おばあさんをまごがひっぱって、 | まごをいぬがひっぱって、 | いぬがねこをひっぱって、 | ねこがねずみをひっぱって、 | 「うんとこしょ、どっこいしょ。」 | とうとう、かぶはぬけました。 |

## 発表会の準備

　学習したこと（台詞の言い方、動作化、本文にない台詞を想像するなど）をグループごとに役割分担をして、楽しく音読をします。

①シーツでつくる「おおきなかぶ」　　②１リットルの牛乳パックを利用したお面づくり

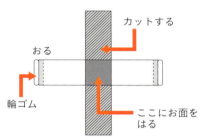

「おおきなかぶ」音読劇発表会（例）

```
1  はじめのことば
2  クラスのうた
3  はっぴょう
   【1はん　2はん　3はん】
4  かんそうはっぴょう
5  せんせいから
```

**学級活動の時間の実践例**
「発表会を見てもらいたい」という子供の思いから、進行を話し合い、招待して行う方法も考えられます。

― 指導のポイント ―

　国語科の学習の発展として、子供の思いを大切にした発表会をみんなで計画して行うことも考えられます。一つのものを、友達と協力してつくり上げる喜びを子供が感じ取ることができるようにすることが大切です。

算数科の指導のコツ

# 10までの足し算
# 全員が分かる基本指導

### ねらい

算数の学習は、まず10までの数の読み書き、構成を具体物→半具体物→数字を相互にしっかりと関連付け、それを用いて加法計算の仕方を理解することが大切です。

## 丁寧な関連付けで次の指導へ

　小学校1年生の段階では、「全員が数について理解するスタートの時期」と考えましょう。入学したばかりの1年生は、様々な幼稚園、保育所を卒園して集まっているため、特に計算に関しては、個々によって経験値が大きく異なります。すでに2桁のくりあがり足し算ができる子供もいれば、1から10までの読み方さえも分からない子供もいます。**「大体の子ができるからここはとばしてよいだろう」などと安易に考えてはいけません。**経験をしていたとしても、数について本当に理解しているとは言えないからです。

　まず、具体物で得られたものの数をブロックや数カードなどの半具体物と関連させ、最後に数字と数詞（読み）とつなげていきます。そうすることによって、子供は身近な生活の場面の中で具体物と数との関連を実感し、さらに数への興味が広がり、順序のきまりや合成や分解など、数を多角的に見ることができるようになります。

　加法計算の前に全員が習熟する必要があるのは**「10のまとまり」**です。これは、十進数の理解の基礎として大変重要であり、『全員が分かる』ための最大のポイントとなります。

第3章 子供たちに学ぶ楽しさを！ 1年生の授業のコツ

## 掲示物の工夫

自分の身の回りにいつも美しい字形の数字があると、子供たちは自然に「数」の形を身に付けていきます。

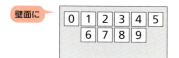
壁面に

学習中の教師用数字カードを貼っておく。

☆ すぐに取り出せるよう、2段クリップなどでぶら下げる形でもよい。

【学習のまとめを学習コーナーに掲示】

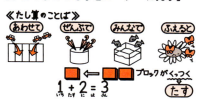

## 帰りの会で

みんな、いつも全員が「先生とタッチ」して帰るけれど、今日は足し算のお勉強をしたから、1問出して正解したらタッチ、できるかな〜？

は〜い‼ がんばるぞ！

2たす7は？
ええっと、9！
正解！はいタッチ！

子供たち一人一人の定着具合によって問題の難易度を変えます。自信をもって答えられるレベルにしましょう。

## 日常の場面から

では、前から3番目のお友達が立って朝のあいさつをお願いします。

右から2列目の後ろから4番目の子が連絡帳を配ってくれますか？

いちばん左の列の後ろから2人が先にあさがおの水やりに行きましょう。

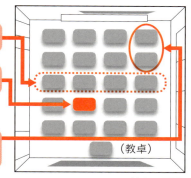
教室の配置

―― 指導のポイント ――

学習に困難さを抱える子供については、数図ブロックの扱いが苦手だったり、半具体物に思考をつなげていくことが困難だったりするため、個々の反応を教師がしっかり見取り、その子供に合った教材や支援の仕方を工夫します。

算数科の指導のコツ

# 時計の指導「ペアやグループ学習で参加型」

> **ねらい**
>
> 1年生の子供は日常生活の中で時間を意識はしていますが、時刻や時間の概念を理解しているわけではなく、算数の学習を通して日常生活へとつなげる必要があります。

##  まずは時刻の概念の定着を

　時計の学習でまず言えることは、算数の学習だけでは身に付けることは難しいということです。算数での学習をスタートとして、日常生活のあらゆる場面で時計に触れ、時刻と時間の感覚を体感する必要があります。また、個人差も非常に大きく、習熟に差が出やすい学習でもあります。個々の習熟度を教師がしっかりと見取って、家庭の協力も得ながら定着を目指したいものです。

　**1年生ではまず、「何時」「何時半」の読みを扱い、その後「何時何分」という分単位への読みへとつなげていきます。12までの数字が分かれば「何時半」と言うことができます。**何分までは読めなくても時計に興味をもって「読む」楽しさを味わわせることを重視します。また、短針と長針が連動して動いていく面白さは、模型時計を動かす際に子供たちをワクワクさせてくれます。

　何分までの学習に進む前に必ず身に付けさせたいのが、5とびの数え方です。何度も声に出し、60まではすらすらと唱えられるようにして自信をもって学習に進むことが大切です。また、ペア学習やグループ学習を工夫して、できるだけ実際に読む機会を多く与えると効果的です。

## 学級活動（1）で

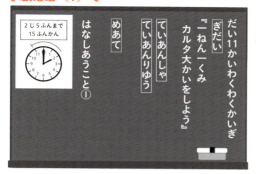

時計の学習が進んだら、学級会でも活動グッズとして時計をとり入れ、時刻をあらかじめ伝えておくとよいでしょう。15分間など時間の感覚も身に付いていきます。

## グループで（時計早よみレース）

後ろに移動

①先頭の子は先生が示した時刻を知る。
（先生は出したら後ろに移動）
②先頭の子は模型時計で示す。
③2番目の子は読んだ時刻を口で伝える。
④3番目の子は模型時計で示す。

## ペアで

問題！
わたしは今朝何時に起きたでしょう。

7時です!!

最後の子が正しい時刻を早く言えたら（示せたら）ゴール!!

## わざと間違えるのも…

 あら、もう12時50分ですよ、おなかぺこぺこですね。

 ちがうよ先生、まだ12時になっていないよ。

そうかな？　もう短いはりは12のところよ。

 すごく近くにはいるけど、まだたどり着いていないから11時台だよ、11時50分です。

 すごいね、○○くん、教えてくれてありがとう！

### 指導のポイント

　時計の学習では、表示してある数字に左右されないで、実際の時間を読み取ることが難しいものです。模型時計で分を読む学習を繰り返し、少しずつ表示をなくしていきながら、実際の時計につなげていく必要があります。

算数科の指導のコツ

# 計算ドリルの進め方の基本

### ねらい

1年生の計算ドリルは、とてもカラフルで絵が多く使われ、楽しんで学習できるよう工夫されています。しっかりと定着させるために家庭の協力が不可欠です。

## 📖 根気強く丁寧に数字を書く指導を

算数の学習が進むと、定着を図るためにドリルを使用する学校がほとんどです。ドリルは、授業中に行ったり、家庭での宿題となることが多いと考えられます。**1年生の指導で大切なのは、丁寧に数字を書く習慣を身に付けさせることです。**特に書き順は大切で、「0」を○で書いたり、「4」を一筆書きしてしまう子供がいます。答えが合っていることはもちろんですが、書かれている字に対しても丁寧に添削し、しっかり身に付けることが2年生以降の学習に生きていきます。

担任が丸付けをしていると、子供が特に間違えやすい問題に気付きます。そのような場合には、授業中にもう一度確認をしたり、プリントを作成して定着を図ったり、学級だよりで保護者に伝えたりして家庭での協力をお願いします。苦手な箇所を克服してから次の学習に進むことが大切です。

ドリルで間違った場所が、子供にも保護者にも分かりやすいように付箋紙を付け、それを直したら付箋紙に○印を付けてもらうと担任も確認しやすいです。ただし、付箋紙の数が多くなってしまう場合には、個別に渡すなどの配慮が必要です。また、ページやプリントごとに保護者印を押してもらう工夫も学習の様子を家庭に伝えるために有効な手段の一つです。

### 学級通信で

定期的に出す学級通信で、算数の学習でのつまずきを具体的に知らせます。それがどうすれば改善できるのか等の解決策も載せ、保護者が安心して、援助できるようにします。

> 計算ドリルや計算プリントのご協力ありがとうございます。数字の書き方に不安がある子がいるようです。ご家庭でも声かけしてみてください。
>
> 《まちがえやすい数字》
>
> 「0」→「0」 下から上に書いてしまう （○と0のちがいに気付けるといいです）
>
> 「4」→「4」 一筆書きになる （上から下へ書くのが基本です）
>
> 「7」→「7」 つなげて書いてしまう

### ドリルの使い方

付箋紙を活用する。

大きな×（バツ）より小さめの✓で。

3から5はひけるかな？もういちどかんがえてみよう

できる範囲で、なぜ間違えたのか気付けるアドバイスを書くとよい。

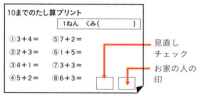

見直しチェック
お家の人の印

保護者が確認し、子供が間違いに気付いて直したら赤でチェックを入れておいてもらうなど、あらかじめ約束をおたよりで伝えておくとよいでしょう。ドリルの達成度を競わせるなどはしてはいけません。

― 指導のポイント ―

計算ドリル等は保護者のお金で購入したものです。時間がないから、終わらないからという理由でやっていない場所があるにもかかわらず単元のテストに進んでしまったり、丸付けをせずに終わらせてしまったりすることがないようにしましょう。学習に慣れたら、子供が自分で丸付けすることも考えられます。その場合も子供に任せきりにせず、必ず教師が確認しましょう。

生活科の指導のコツ

# 学校探検はサプライズを！

### ねらい

小学校の生活を希望と期待に満ちた毎日にするため、2年生と合同で生活科「がっこうたんけん」を計画します。

## 学校のみんなが使う場所と使う約束を知る

入学したばかりの1年生は、新しい友達との出会い、担任との出会いなど、様々な出会いをします。想像以上に大きな校舎、広い運動場との出合いに目を輝かせる子供たち。そこで、ドキドキを大切にし、しかも正しい使い方や約束を理解できるような『がっこうたんけん』を計画します。また、先輩となった2年生や他学年の子供の協力も得て創意工夫することで、どの子供も学校が大好きになることにつながります。

まずは教師が引率し、全員で校舎内や運動場を回る活動を行います。特に運動場には遊具や固定施設があり、使い方の約束をしっかり教えるまでは休み時間に外に出て遊ばないようにしましょう。他学年が学習している様子を見ながら、「なぜ？」「どうして？」の疑問も大切に受け止めて、次の活動につなげます。

全員で探検をしてみると、子供なりにさらに興味が湧いてきます。思いを生かしてグループでの探検を計画することが重要です。その際、**先輩である2年生とペアグループを組んで教えてもらうことで、互いの学年の仲も深めることができ、その後の校外学習などにも生かすことができます。**

# 第3章 子供たちに学ぶ楽しさを！ 1年生の授業のコツ

## サプライズを

## ありがとうの気持ちを伝える（学級活動（1））

| | |
|---|---|
| 教 | みんな、この間の学校探検や、お休み時間にみんなと遊んでくれたのって誰でしたか？ |
| 子 | 2年生!! |
| 教 | そうだね！　○○ちゃんが先生に「ありがとうって言いたい」って提案してくれました。だからこれから2年生にありがとうの気持ちを伝えることについて、みんなで話したいんだけど、いいですか？ |
| 子 | 賛成！　いいね、何をしようかな。 |
| 教 | 司会は先生です。○○ちゃん、どうしてそう思ったのかな？ |
| | ⋮ |

### 指導のポイント

　校舎外の活動では、植物や小動物に触れることがあります。子供によってはアレルギーがあるので、事前確認が不可欠です。低学年は自分で申告できないことも多いので、保健調査票などを確認し、養護教諭と連携を図ります。

生活科の指導のコツ

#  校外学習をした体験を発表しよう

**ねらい**

生活科の学習では、自然を感じ、自然の中から学ぶことが多いため、「春夏秋冬」の季節を校外に出て感じることも必要です。

##  五感をフルに使って感じよう

1年生の生活科では、季節の移り変わりを様々な方法で感じ、気付きを大切にしながら学習を進めていきます。**特に「秋」は、木々の葉の色が変化し、たくさんの実が実ったり、花からの匂いがただよってきたりと季節の変化を分かりやすく感じ取ることができます。**学校の近くに公園や自然があったら、ぜひ校外学習に行きたいものです。

学校に戻ったら、校外学習で得られたたくさんの「たからもの」を思い出し、「見つけたよカード」を書きます。その際、『みる・きく・さわる・かぐ（あじわう）』の五感をフルに使って得られたことを分かりやすく言葉にできるとよいでしょう。

発表の場は、たくさんあります。○○まつりや授業参観、幼稚園や保育所との交流会など、お客さんに聞いてもらえる場を上手に活用することが大切です。また、発表の方法は国語の学習とも関連付けると効果的です。木の実や葉の実物を使って、クイズ形式にしたり、図鑑で調べてカードをつくったり、紙芝居にして紹介したり、子供たちの発想を大切にしながら、いくつかの発表方法から自分たちで選べるようにすると、活動意欲がさらに高まります。

## 全校児童集会との関わり

　秋に「○○小まつり」と称して、全校児童集会を行う学校もあるでしょう。発達の段階に即した子供らしいお店を出し、全員で決めたことを全員でする体験をさせましょう。

**はじめの会** 体育館の舞台に立って　　**教室で**

### 教室掲示のポイント

・常に絵カードを掲示し、意識できるようにする。
・味わう（味覚）については、慎重に指導する必要があるため、状況に応じて入れる。

### 発表会をしよう

ぼくは、どんぐり、まつぼっくりクイズをつくりました。3問あります。①〜③までの答えを選んで手をあげてください。

私は秋の紙しばいをつくりました。みなさんよく聞いてください。

ぼくは本物の葉っぱや実を貼り付けて図鑑をつくりました。さわってみてください。

---

**指導のポイント**

　校外学習の際は、安全に特に注意して引率しなくてはいけません。また、何らかの理由で以前に行ったときと現地の様子が変わっているかもしれません。そこで、必ず下見をし、危険がある場所の把握をします。また、保護者の協力を得て付き添ってもらうことも安全確保の方法の一つです。

音楽科の指導のコツ

# 歌唱指導の基本

― ねらい ―

子供たちは歌うことが大好きです。1年生では、楽しく歌うこと、リズムを感じて歌うことを大切に、自然な声で歌えるように指導しましょう。

 やさしく自然な声で

1年生の子供はどの子供も歌うことが大好きで、自分の感情を素直に表現し、生き生きと歌います。また、リズムに合わせて自然に体を動かしたり、足踏みしたり、教師が声をかけなくてもその感性を見せてくれます。ただ、自然な歌声を出す方法を全員が知っているわけではないため、元気よく歌おうと怒鳴り声になったり、無理して声を出したりしている子供も多いので、まずは、**「やさしく自然な歌声」** に気を付けて教えるようにしましょう。

自然で響きのある歌声を出すためには、のどの奥をあけて歌うことが大切ですが、1年生に理解させることはとても難しいです。ただし、歌い方のコツをつかむと低学年でも元気さだけが売りの地声ではなく、美しいハーモニーを響かせることができます。

分かりやすい方法として **「ミッキーさんの声で歌おうね」** と声かけすると自然にのどをあけた発声をできるようになります。やりすぎは禁物ですが、これをきっかけとして自然な声を出しやすい高音域の歌を気持ちよく歌わせると、自然な発声が身に付いていきます。そこから少しずつ姿勢や表情なども付け加えていけたら、さらにすばらしい歌唱になります。

第3章 子供たちに学ぶ楽しさを！ 1年生の授業のコツ

## 歌う姿勢

**発声練習いろいろ**
・おなかの横に手を当てて息を吸って歯の間から息を吐き出す。「スーーーーーーーーーーーー」
・汽車の音を出そう。「シュッシュッシュッ、ポーーー」
・ミッキーさんの声で。「おはようございまーーーす」
・馬のいななき。「ヒヒーーーーーーーーーーン」

**美しく自然な声で歌おう**
『こいのぼり』　← 高めのキーがポイント

やねより　たかい　こいのぼり
おおきい　まごいは　おとうさん
ちいさい　ひごいは　こどもたち
おもしろそうに　およいでる

## 音楽朝会

各学年が発表する音楽朝会、1年生らしいかわいらしさを大切にしながらも、のびやかなハーモニーを響かせたいものです。楽器を上手に使って合奏も取り入れましょう。

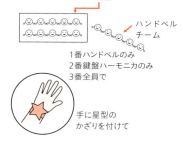

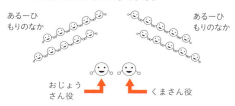

― 指導のポイント ―

子供の中には、音程が上手にとれない子供もいます。解決策としては「相手の声をまねる」方法があります。教師と一対一で教師が歌った簡単なフレーズをまねっこする。これを繰り返すことで、耳から聞いた音を再現する癖が付き、相手の声を聞きながら合わせて歌うことができるようになります。

図画工作科の指導のコツ

# 自分の作品を大切に「作品カード」

---
**ねらい**

図画工作科では、単に造形活動を行うだけでなく、作品をめぐる会話の中で出される子供たちの素直な気付きや疑問、経験などを受け止めながら進めることで創造意欲が高まります。

---

「みつけたよ。なんかいいなぁ～」

それぞれ造形作品には、作者の思いや考えが込められています。作品を見つめ、美しさやおもしろさを味わったり、作者が伝えたかったことを感じ取ったりすることを通して、子供たちは「もっと表現したい」という気持ちをもつことになります。また、子供たちは自分の見方が受け入れられることによって、友達の見方にも自然と耳を傾け、尊重するようにもなります。

作品を見て話し合う時間をとることで、「私はこの作品が好き、色づかいがきれいだから」「ぼくは、この顔がおもしろいな」「これはどんな材料でできているのかな」「どんなふうにつくるのかな」などの会話が行われます。こうした会話から、**子供たちの発想が広がり、自分でも表してみようという気持ちが生まれるのです。**鑑賞の仕方は、発表会形式、展示会形式などが考えられます。作者の思いを十分に伝えられるように工夫したいものです。

「学級活動（2）イ　よりよい人間関係の形成」との関連を図り、「よかったよカード」は、互いのよさを見付け、学校生活を豊かにするように工夫をしましょう。

## よかったよ！カード
【平面の作品】
○廊下等に掲示された作品をじっくり見て、よかったことや好きなところをカードに書いていきます。
○書いてもらったカードは、作品の後ろに貼って、作品と一緒に持ち帰ります。
【立体の作品】
○場所がなく展示ができないときは、自分の机に作品を飾り、鑑賞会をする方法があります。

全員がもらえるように、隣の席の友達には必ず書くことにします。

## 作品を大切に！（例）
◎作品を持って、写真におさめます。

◎小さい作品の場合は、ラミネートしておいて、返すときにパンチで穴をあけ、リボンを付け「しおり」として使えるようにします。

―――― 指導のポイント ――――

　一生に一度しかできない子供たちの作品を大切に保存して、持ち帰らせることは、教師の役目です。活動の最後には鑑賞の時間を設け、作品で力を入れたところを発表したり子供たちの思いを伝え合ったりしましょう。みんなで温かく称賛し、互いを認め合う雰囲気を日頃からつくることが大切です。

体育科の指導のコツ

 # 体育の基本ルール

---

**ねらい**

1年生の発達の段階・特性を生かして、飽きさせず楽しませながら、多彩な身体運動を経験させることが大切です。

---

 ## 「遊び」を取り入れ、楽しい体育の授業を！

　小学校低学年期の子供は、思考と活動が未分化な時期で、「動くこと」と「考えること」が同時に進みます。また、集中力が長続きせず、常に新しいものに興味が移っていくといった特徴もあります。

　この特徴を生かし、飽きさせないで楽しませるためには、**多彩な身体運動を含む「遊び」を取り入れていくことがポイントとなります。**ボールや遊具を使った遊びや鬼ごっこなど、多種多様な動きを経験させ、基本的な動作を身に付けておくべき大切な時期と言えます。

　このような子供の発達の段階に応じて、学習指導では、以下のことを特に配慮する必要があります。

①易しい運動遊びを楽しく行えるようにする。
②子供たちの力に応じて、進んで活動の仕方や競争のルールなどを工夫することができるようにする。
③体の基本的な動きや各種の運動の基礎となる動きを身に付けることができるようにする。

　これらは「学級活動（2）ウ及び（3）ウ」と関連させながら、授業を進めると効果的です。

## 授業を行う上でのポイント

①身支度や整列の仕方、1時間の流れ（準備運動から整理運動まで）を理解できるようにします。

○○さん、かかとがついていていいですね。

②運動の場や用具などを工夫し、活動の中で、課題解決ができるようにします。

黄色い石を拾いましょう！

できたお友達は、黄色の他に、赤や青の石も拾えるかな。

③動きや遊びがイメージできるように、オノマトペで示す工夫をします。

「トン・パン・ポン」「パン・ポン・パン・ポン」のリズムだよ。3回続けてやってみよう。最後の「ポン」は、足を開くよ。

④子供が互いに関わり合うことができるような運動遊びを多く取り入れます。

みんなで動きを合わせよう。

 POINT

―― 教師の立ち位置のポイント ――

　校庭での体育は、太陽のある方角を確認し、教師の立ち位置を決めるようにします。子供たちが眩しくないようにするためには、教師が移動し、横の4列になって準備運動から始める場合もあります。

体育科の指導のコツ

# 水泳指導のコツ

---
**ねらい**

子供によって水遊びの経験差があることを考慮し、楽しみながら活動できるように「遊び」を工夫することが大切です。

---

## 📖 初めての水泳指導を安全に！

入学時に実施した健康調査で、子供の健康状態を確認します。気になる健康状態の子供については、事前に保護者と連絡をとり、学習時の配慮点を共通理解しておくことが必要です。また、水慣れについても経験の差が大きいので、水慣れに関する事前調査をすると、適切に把握することができます。

- 顔に水がかかることを嫌がらないか。
- 水の中で目を開けることを怖がらないか。
- 水の中で移動したりジャンプしたりすることを嫌がらないか。など

その際、水泳学習に必要な物や保護者へのお願いも知らせておくとよいでしょう。また、子供たちが落ち着かない行動をとると、命に関わり危険です。安全に学習できるような簡単な約束をつくるとともに、「学級活動（2）ウ」と関連させながら事前指導を行うと効果的です。

**約束を書いた虎の巻風のもの　例：かぶとむし**

- か　かけない（プールサイド）
- と　とびこまない（後ろ向き）
- し　しゃべらない
- ぶ　ふざけない
- む　むりしない

第3章 子供たちに学ぶ楽しさを！ 1年生の授業のコツ

## 誰でも楽しめる！ 水の苦手な子供への指導

### 水かけっこ

お互いに水をかけ合い、顔をふかずに多く水をかけられたほうが勝ちです。

### まねっこ遊び

アヒル 　　カニ

顔つけワニ歩き 　　カエル

↓ 条件を変えて工夫する

### ワニの散歩

ワニさんのお話をつくって、お話に合わせて泳いでみましょう。

おさんぽに
出かけよう

ちょっと
きゅうけい

ザァーン

パッ

できるようになったら、両足をそろえて「ポーン、ポーン」とキックを2回して進んでみましょう。

### 鬼ごっこの発展

つかまえちゃうぞ！

わー！にげろー！

### ── 水遊びのポイント ──

「水に慣れる遊び」から「浮く・もぐる遊び」へ段階的に学習を進めます。繰り返し「水に慣れる遊び」を取り入れ、子供たちが楽しみながら学習できるようにすることが大切です。また、安全面に十分注意し、楽しく安全に水泳学習に取り組むことができるようにします。

**道徳科の指導のコツ**

#  思いやりの心を育む

---
**ねらい**

　優しくするとよい気持ちになるということに気付き、友達や周りの人に親切にしようとする意欲がもてるようにすることが大切です。

---

## 「はしのうえのおおかみ」で思いやりの心を育もう！

　ねらいとする価値にせまるため、変化していくおおかみの心情に焦点を当て、親切にするよさについて考えていくようにしましょう。

**本時の展開**
①自分が親切にしてもらったときのことを振り返り、気持ちについても考える。
　・親切かどうか難しい事例についても確かめる。
②場面の挿絵や紙芝居を見て、おおかみの気持ちを通して自分の気持ちを考えさせる。
　・役割演技を通して、そのときの自分の気持ちを考える。
③おおかみの心を通して今までの自分を振り返り、これからの自分について見つめ直す。
　・おおかみへの手紙を書き、教材と自分の生活を結び付けながら自分を振り返る。
④道徳的な判断力、心情、実践意欲と態度を育てる。
　・親切にしてもらったという日記の紹介や学級活動や帰りの会などで、自分の周りの優しい人に気付き、実践への意欲付けを行う。

　道徳科の授業だけでなく、「学級活動（2）イ　よりよい人間関係の形成」などとの関連を図りながら進めていくことで、さらに実践へとつなげます。

## STEP1

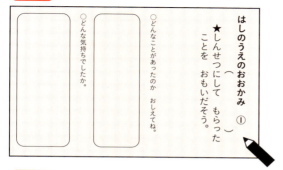

自分の考えと、友達の思いや考えを比べ、共通点や相違点について話し合います。

## STEP2

場面ごとにおおかみの心情について寄り添い、変化を丁寧に押さえていきます。

## STEP3

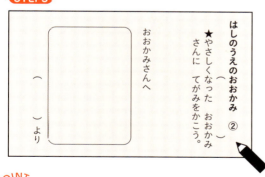

登場人物の行動と自分の体験とを結び付け、簡単な手紙を書くことで、自分の考えを深めます。

### POINT ─ 心情の変化をとらえるポイント ─

意地悪しているときと、親切にしたときのおおかみの心情を表すようにし、変化した理由を大切に考え、ねらいとする道徳的価値に近付き深められるようにします。

特別活動の指導のコツ

# ここがポイント！学級活動

---
**ねらい**

学校生活が充実するよう、友達と協力したり個人で努力したりしながら、活動する楽しさや達成感などを得られるようすることが大切です。

---

##  学級活動のポイント！

**学級活動（1）学級や学校における生活づくりへの参画**

子供が学級や学校の生活をより楽しくするために、議題を見付け、話し合い、集団として合意形成を図り、協力して実践する活動を通して、自治的能力を育みます。

> 問題の発見・確認（議題）➡解決方法等の話合い（出し合う→比べ合う→まとめる）➡解決方法の決定➡決めたことの実践➡振り返り➡次の課題解決

安易に多数決で決めるのではなく、提案理由に沿って話し合い、互いの意見のよさを生かして決めることができるようにします。

**学級活動（2）日常の生活や学習への適応と自己の成長及び健康安全**
**　　　　　（3）一人一人のキャリア形成と自己実現**

自ら努力目標を意思決定し、その実現に取り組めるよう生徒指導の機能を生かす展開を工夫することを通して、自己指導能力を育てます。

> 問題の発見・確認（題材）➡解決方法等の話合い（つかむ→さぐる→見付ける→決める）➡解決方法の決定➡決めたことの実践➡振り返り➡次の課題解決

問題の意識化、原因の追求や把握、解決や対処の仕方の決定などについて、教師の指導のもと話し合うことになりますが、決して押し付けにならないように配慮します。

### 教師が事前に準備するもの
- 議題箱　　・学級会の進め方
- 学級会ノート（司会グループ用・児童用）
- 提案カード　・司会グループ表
- 黒板掲示の札　など

### 学級会グッズを活用しよう

議題や提案理由などを短冊に書いて背面黒板に事前に掲示しておき、学級会のときに移動してそのまま使えるようにしたり、学級会ノートに自分の考えを書いておいたりすると、子供たち一人一人が事前に自分の考えをもち、見通しをもって話合い活動に臨むことができます。

その他、司会などの役割の札や、話合いの流れの掲示などを学級会グッズとしてまとめておき、すぐに使えるようにしておきます。事前のアンケート結果などを掲示しておくと、子供たちの意識が高まり、その結果を生かして話し合うことができるようになります。

話合いの役割の札や時間を示すものもあるとよい

話合いの流れや段階などの表示

アンケート結果の表示

―― 学級活動のポイント ――

学級経営の充実のためには、子供たちの自発的・自治的な活動である学級活動（1）を重視しましょう。「学級活動（2）（3）」は年間指導計画に合わせて行うことが重要です。また、「学級の歩み」を掲示していくことも学級生活の充実が実感できるので大切です。

特別活動の指導のコツ

# 学級会の進め方 1学期編

---
**ねらい**

「事前の準備」から「振り返り」までの学習過程を重視し、子供たちが「学級会の流れ」を理解できるようにすることが大切です。

---

## 学級会は、クラスのことが決められる時間！

まずは、学級会とはどんな時間なのかを、子供たちにしっかり教えましょう。**学級会の時間は、学級みんなで自主的にやってみたいことを実現したり、困ったことを解決したりする時間です。**「教えること」と「考えさせること」を明確にし、子供たちにどんな力を育てたいかという視点をもって学級会を行います。授業の1時間をかけて話合い活動ができるようにするために、まずは、教師が、司会・黒板記録・ノート記録の役割を実際にして見せます。学級会の難しい用語は、1年生用に言い換えてもよいでしょう（学年で統一する）。

「議題　→　話し合うこと」
「提案理由　→　話し合うわけ」
「話し合うこと　→　きめること」

### 教師の指導
①司会・黒板記録・ノート記録の役割を先生が行い、モデルを示す。
②司会の言う言葉や行うことを実際にやって見せ、話合いをまとめていく。
③子供ができることから、役割を任せる（教師が書いた短冊を黒板に貼るなど）。
④司会役の子供が話合いを進める中で困っていたら、全員に分かるように教える。

第3章 子供たちに学ぶ楽しさを！ 1年生の授業のコツ

## 板書計画（例）

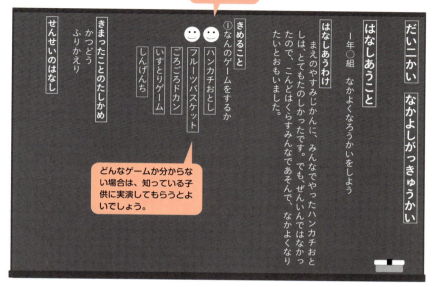

### ポイント1：活動
1時間の授業の前半に話し合い、後半に話し合って決めた実際に遊ぶ活動を入れると、みんなで決めたことを活動するよさが実感できます。特に1年生は、子供たちの集中力も続き、意欲的な取組になります。

### ポイント2：振り返り
話合いの振り返りや実際の活動の振り返り（活動中・活動後）をしっかり行い、学級で話し合って決めたことを実感することの意義を再確認します。

### ポイント3：先生の話
よかったことや頑張ったことを称賛し、実践への活動意欲が高まるようにします。また課題を具体的に伝えることも効果的です。

―― 机の配置のポイント ――

学級会の隊形は、コの字型以外もあります。教師の考えのもと、子供たちの話合い活動やその後の活動（遊びなど）のことを考えて隊形を工夫します。

特別活動の指導のコツ

# 学級会の進め方 2学期編

---
**ねらい**

司会・黒板記録・ノート記録の役割を、子供たちが徐々に担うようにします。

---

## 📖 学級会の進め方　2学期

1学期は、担任が司会・黒板記録・ノート記録の役割分担を実際にしてみせながら学級会を進めてきました。2学期はいよいよ、少しずつ子供たちへバトンタッチしましょう。

### 子供の活動
①「できそうだ」と思う役割が決まったら、「やります」と手を挙げる。
②役割の仕事をする（メダルをかけてもらうなどの工夫も考えられます）。

### 教師の指導
①子供が困っていたら、全員に分かるように教える。
②振り返りの時間を大切にする。

司会をやってみてどうでした？

教えてもらいながら、頑張ってできたよ。

Aさんが、黒板に丁寧に書いたり、貼ったりできていましたね。

今度は、私も黒板に書きたいな。

## 2学期の活動例（集会活動）

　子供たちの学校生活での楽しみの一つに学級で行う「お楽しみ会」などの集会活動があります。集会活動は、学級会において、話合いの流れや活動が分かりやすい議題であると言えます。集会活動について話し合い、楽しく実感できるようにすることが、今後の学級集会の基盤となります。

### ①目的意識の明確化

　集会活動は、子供たちにとって楽しいものですが、学級活動で行う集会活動は遊びではなく、あくまでも授業です。子供たちには、何のためにこの集会を行うのかなど、ねらいをしっかり意識させて取り組めるようにします。また、教師は、この集会活動を通して子供たちにどんな資質・能力を育みたいのかも明確にしておきましょう。

### ②イメージの共有化

　集会活動において、どのようなことをするのか分からない子供もいます。そこで、これまで経験した集会（1年生を迎える会・運動会等）を振り返り、プログラムを一緒につくるなどして、子供たちの集会のイメージを共有化したり、広げたりしましょう。

**集会活動の議題例**
- お誕生日会
- 仲よくなるための○○集会
- 転校する友達とのお別れ会
- 転入した友達を迎える会
- クリスマス会
- 2学期楽しかったね（3学期も頑張ろう）集会　など

―――― 子供たちの活動のポイント ――――

　集会で何をするのか、どんな係が必要かなどについて話し合って決めたり、みんなで協力して準備したりして、みんなでつくり活動する楽しさを実感することができるようにします。

特別活動の指導のコツ

# 学級会の進め方
# 3学期編

---- **ねらい** ----

学級会のやり方を理解し、友達の意見を聞いたり、自分の意見を発表したりする活動から、学級生活を楽しくするためのよりよい合意形成を図ることができるようにすることが大切です。

## 2年生につなげる3学期

3学期は1年間のまとめの時期、2年生へつなげる大切な時期となります。1年生の子供たちにとっては、経験の少ない集会活動を提案することは難しいものです。担任が「○○集会をします」と話しても、子供たちは喜びますが、場合によっては「やらされた活動」になってしまいます。そこで、教師からの働きかけによって、**「やりたい活動」「つくりあげた活動」**にすることが重要になります。

**教師の指導（働きかけ〈種まき〉）**

（給食時）

### 3学期の活動例（集会活動）

今までお世話になった人々に感謝の気持ちを込めて行う「ありがとうの気持ちを伝える会」や、自分たちの成長に目を向けた「1年生がんばったね集会」などが考えられます。

#### ① 1年間を振り返って

まずは、自分たちの1年間を振り返る活動を行います。「学級のあゆみ」の教室掲示を見て、入学式から今までの行事を思い出したり、スライドショーを見せたりしてもよいでしょう。その後、「誰にありがとうを伝えたいですか」と聞き、『ありがとう集会』へとつなげていきましょう。

**クラスのみんなへ**
友達への感謝の気持ちを伝える手紙を書いて発表したり、ゲームをしたりします（学級目標などの振り返りの機会にもなります）。

**6年生のみなさんへ**
今までお世話になった6年生へ、手紙を書いたり手づくりのメダルを作製してプレゼントしたりします。また、感謝の気持ちを替え歌にして発表します。

**おうちの人へ**
授業参観などの機会に、一人一人感謝の手紙を読んだり、できるようになったことを発表したりします。練習時間の確保や、保護者への連絡などの配慮が必要です。

**地域のみなさんへ**
いつも登下校を見守ってくれた方々や図書ボランティア、昔遊びなどの交流会でお世話になった方々へ招待状をつくり、感謝の気持ちを伝えます。

#### ②その他の実践例

・思い出すごろく（さいころ・カルタ）をつくろう
・思い出ベスト10を決めよう

— 指導のポイント —

経験のないことをするときは、基本的な型を教え、一部分を子供たちが工夫する方法が適切です。

第4章

# 1年生で使える「学級遊び」

## 1年生で使える「学級遊び」①

# クイズあれこれ

---
**概要**

子供たちはクイズやなぞなぞが大好き。クラス全員でもグループでも楽しむことができます。また、バスの中など、教室を離れても手軽に楽しめる便利な遊びです。

---

### STEP1 わたしはだれでしょう

事前に集めたアンケートへの回答を読み上げ、それが誰かを考えるクイズです。子供たちは、自分と同じ回答に喜んだり、友達の知らなかった一面を発見したりして、互いのことを知ることができます。

誰でも答えられるような質問を5問程度用意し、事前に子供たち全員に記入してもらい、集めておきます。はじめは回答が似通ったものになりそうな質問で、だんだんとその子供が特定できるような質問になっていくと楽しめます。

ランダムな順番に出題し、質問1から順に回答を読み上げます。みんなはそれが誰の答えなのか、分かった時点で挙手し、答えます。出題された子供の名前カードを黒板に貼ったり、赤白帽子をかぶったりしてヒントになるようにします。

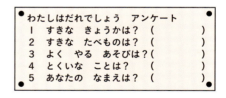

## STEP 2 さかさまクイズ

「ごまた（たまご）」「ぐのえ（えのぐ）」など、いろいろな言葉をさかさまにして発音します。答えが分かった人は、手をあげて答えます。

問題は、3〜4文字程度の言葉がよいでしょう。紙やミニ黒板に書いて、見せながら出題する方法もあります（【問題の例】えくつ（机）、なだんほ（本棚））。

## STEP 3 ならべかえクイズ

「うんえこ（こうえん）」「ねたぎま（たまねぎ）」など、いろいろな言葉を文字の順序をバラバラにして書いたものを見せて出題します。

問題は、4〜5文字程度の言葉がよいでしょう。また、学級の子供の名前を問題にしても楽しめます。

―― 指導のポイント ――

分からない子供が疎外感をもつことがないよう、最初は簡単な問題にしたりヒントを出したりします。間違った答えを言っても気にせず、みんなで楽しむ雰囲気をつくりたいものです。

―― 関わり合いを深める工夫 ――

クイズに慣れたら、子供同士が問題をつくって出題し合うことで、互いの関わりが深まります。学級の集会活動で行ったり、係の活動にしたりすることも考えられます。

## 1年生で使える「学級遊び」②

# おにごっこあれこれ

---
**概要**

低学年の子供たちは、思い切り走り回るおにごっこが大好きです。いろいろなおにごっこで遊ぶことで、ルールを守ったり、工夫した遊びを考えたりすることにつながります。

---

### STEP 1 いろいろなルールで

子供たちがこれまでに体験してきているいろいろなルールでおにごっこを楽しみましょう。簡単なルールなら全員が参加することができ、思い切り走り回ることで運動量も確保できます。例えば、休み時間の遊びや体育のウォーミングアップに最適です。

**①タッチおに**
　おにを決め、帽子の色を変えます。おににタッチされたらおにを交代します。逃げる範囲を決めたり、おにを2、3人に増やしたりしても楽しめます。

**②ふやしおに**
　おににタッチされたら、おにになります。だんだんとおにの人数が増えていきます。時間を決め、最後まで逃げ切れた子供には拍手で称えましょう。

**③色おに**
　おにが「赤！」など、好きな色の名前を言います。おにが言った色の物を触っている間は、セーフです。おにが違う色を言ったら、移動しなければなりません。

**④高おに**
　遊具の上など高い場所にいる間はセーフです。みんなが高い場所に行ったらおには10からカウントダウンすることができ、その間に他の場所に移動しなければなりません。

## STEP 2 工夫したルールで

　同じようなルールでも、ちょっとした変化を付けることで楽しみの幅が増えます。また、子供同士の関わりを生むことにもつながります。発想を生かし、ルールを工夫することで、オリジナルのおにごっこを楽しめます。

**⑤こおりおに**
　はじめにおにを複数人決めます。おににタッチされたら、その場で凍り付いたようにストップします。まだつかまっていない仲間にタッチされると氷がとけたように、ゲームに復活できます。おにはずっとおにのままですが、全員を凍らせたらおにの勝ちです。

**⑥くぐりおに**
　おににタッチされたら、その場で足を大きく開いてストップします。まだつかまっていない仲間に足の間を通り抜けてもらうとゲームに復活できるルールです。

**⑦バナナおに**
　おににタッチされたら、その場で両手を上げ、手のひらを合わせた状態（皮をむいていないバナナ）でストップします。まだつかまっていない仲間に片手ずつ下ろしてもらう（かわをむいてもらう）ことができ、両手が下りれば（両側の皮がむければ）復活できます。

―― 指導のポイント ――

　「タッチした」「されていない」でもめることはよくあります。「どちらか分からないときには、じゃんけんで決める」など事前に対応を決めておき、みんなでルールを守って楽しめるようにしましょう。

―― 関わり合いを深める工夫 ――

　クラスに遊び係がある場合、休み時間のクラス遊びとして、皆の希望を遊び係の子供が聞き、計画を立てて知らせ、みんなで遊ぶことにより関わりが深まります。

1年生で使える「学級遊び」③

# 歌遊びあれこれ

---
**概要**

みんなが知っている歌や伝統的な歌を歌いながら遊ぶ活動で、教師も一緒に楽しみましょう。体を動かしたりゲーム的な要素を入れると盛り上がります。

---

### STEP 1　なべなべそこぬけ

「なべなべ　そこぬけ　そこがぬけたら　かえりましょ」と二人組で両手をつなぎながら歌います。「かえりましょ」のところで手をつないだままひっくり返って背中合わせになります。三人組や四人組、大人数でも、工夫すればうまくひっくり返せるようになります。

### STEP 2　アブラハムの子

定番の歌遊びです。初めは歌だけですが、繰り返して歌いながら2回目は右手、3回目は左手も、と歌いながら動かす体の部位を増やしていきます。

あたま、おしりが入ってきたら、みんなではちゃめちゃに踊りまくると盛り上がります。最後は全身を動かして回りながら歌い、「おしまい！」で終わりにします。

# 第4章 1年生で使える「学級遊び」

## STEP 3 あたま かた ひざ ぽん！

歌いながら体の部位を触ります。リズムに乗るとテンポよく行うことができます。繰り返し歌いながら、だんだんとテンポを速くしていくのも盛り上がる秘訣です。

あたま　かた

ひざ　ぽん(手をたたく)

### あたま かた ひざ ぽん！
イギリス民謡「ロンドン橋」のメロディーで歌います。
「あたま　かた　ひざ　ぽん
　ひざ　ぽん　ひざ　ぽん
　あたま　かた　ひざ　ぽん
　め　みみ　はな　くち」

### 英語でチャレンジ！「head shoulders knees and toes」

似たような英語の歌で、体の各部を触りながら歌います。
全身を動かしながら英語での呼び方にふれることになります。toes（つま先）まで触ることになるので、テンポを速くするととても難しくなります。

「Head, shoulders, knees and toes,
knees and toes
Head, shoulders, knees and toes,
knees and toes
Eyes and ears and mouth and nose
Head, shoulders, knees and toes,
knees and toes」

### 指導のポイント

歌いながら体を動かすのは、子供にとっては難しいことです。ついつい動きに夢中になって、歌うことを忘れてしまいます。動き出す前に何度か練習したり、動きの中で教師が大きな声でリードしたりすることが大切です。

### 関わり合いを深める工夫

朝の会や帰りの会のちょっとした時間に行います。うた係やあそび係の子供たちが前に出て、みんなで決めた歌遊びを行うと、学級の一体感が高まります。

1年生で使える「学級遊び」④

# 雨の日遊びあれこれ

> **概要**
> 
> 活動的な子供たちは、本来外で元気に体を動かしたいもの。でも雨の日には、室内でも楽しめる遊びが必要です。安全に気を付け、ルールを工夫して遊びましょう。

## STEP 1 消しゴムいくつ？

三〜八人程度で遊びます。消しゴムを持ち寄り、出題者が集めます。出題者はみんなに分からないように、お菓子などの空き箱に消しゴムをいくつか入れます。みんなで順番を決め、箱を揺らしたり振ったりして、中に入っている消しゴムの数を当てます。

「カミナリ！」
→おへそを隠す

「アメ玉！」
→上を向いて口を開ける

## STEP 2 落ちた落ちた

三人からクラス全員まで遊べます。リーダーを一人決めます。全員に「落ーちた落ちた！」と呼びかけ、他のみんなが「なーにが落ちた」と返します。リーダーが落ちた物の名前とそ

「リンゴ」
→両手で受け止める

他の物（雪、げんこつ、バナナなど）ではどんな動きになるか、みんなで考えると楽しみ方が広がります。

れに対応する動きを右の図のように決めておき、できるだけ早くその動きをします。うっかり間違えた動きをしてしまうことを全員で楽しむゲームです。

## STEP 3 指キャッチ

　三人からクラス全員まで遊べます。リーダーを一人決め、リーダー以外のみんなで丸くなります。左手の指で輪をつくり、右手の人差し指を右隣の人の左手の輪の中に入れます。リーダーが「キャッチ！」と言ったら左手で隣の人の指を捕まえます。リーダーは「キャ、キャ、……キャッチ！」とタイミングをずらしたり、「キャベツ！」「キャラメル！」など違う言葉を言うと盛り上がります。

**英語でチャレンジ！**

　グループで指キャッチをするとき、リーダーに右のような絵カードを配ります。
　リーダーはカードをめくりながら発音し、みんなはそれを聞いて「catch」のときに隣の人の指を捕まえます。

絵カードの例

―――― 指導のポイント ――――

　小道具を使う遊びでは、みんながルールを守って遊べるようにすることが大切です。はじめは学級全員でやってみて、みんながルールやマナーを理解してから、自由に遊べるようにするなどの工夫が大切です。

―――― 関わり合いを深める工夫 ――――

　雨の日の休み時間、せっかくみんなが教室にいるわけですから、みんなで一緒に遊びたいものです。雨の日の室内遊びについて話し合い、みんなで決めた遊びをみんなで実行することで、学級への所属感が高まります。

1年生で使える「学級遊び」⑤

#  じゃんけん遊び あれこれ

---
**概要**

いつでもどこでも誰でも手軽にできるじゃんけん。走力や手先の器用さにかかわらず、誰もが公平に遊びに参加できます。工夫していろいろな遊びに使います。

---

### STEP 1　じゃんけんチャンピオン

　できるだけ大人数で遊んだほうが盛り上がります。教師とじゃんけんをして、負けたら座り、最後まで残っていた人がチャンピオンです。両方の手でじゃんけんし、両手とも負けたら座るなどの工夫をしても楽しいです。

　また、教師ではなく、子供が前に立つこともできます。その日がお誕生日の子供や日直さんなどにスポットライトを当てましょう。

### STEP 2　後出しじゃんけん

　少人数でも学級全員でも遊べます。「じゃんけんぽん、ぽん」のリズムで、教師が出した後に、それに勝つものを出す遊びです。①「教師が出したものと同じもの」、②「教師に勝つもの」、③「教師に負けるもの」の順にだんだんと難しくなってくるので、段階によっていろいろなバリエーションで遊ぶことができます。

第4章 1年生で使える「学級遊び」

### STEP 3　へびじゃんけん

　地面にへびのようににょろにょろと長い線を書きます。子供を2チームに分け、線の両端から一人ずつ線に沿って走っていきます。出会ったらじゃんけんをし、勝ったらそのまま相手チームを目指します。負けたらスタートに戻り、次の人が線に沿って走ります。相手チームの陣地までたどり着いたら勝ちです。

### STEP 4　じゃんけん列車

　学級全員で遊びます。教師の合図で、近くの人とじゃんけんをします。負けた人は勝った人の肩に手を置いて、列車のように後ろにつながります。再び合図で先頭同士がじゃんけんをし、負けた列車は勝った列車の後ろにつながります。全員で一つの列車になるまで繰り返します。教師の合図を音楽にしたり、全員で歌を歌ったりしても盛り上がります。

―――― 指導のポイント ――――

　言葉でルールを説明するだけではなかなか理解できません。実際に少人数でやってみせたり、本番の前の練習という位置付けで行ったりすると、混乱がありません。

―――― 関わり合いを深める工夫 ――――

　誰もができるじゃんけんだからこそ、いろいろな人との関わりを深めます。異学年や幼稚園・保育所との交流の際にも、ルールを工夫し、子供たちが主体的に活動することができるようにします。

〔編著者〕

## 安部 恭子  Abe Kyoko

文部科学省初等中等教育局教育課程課教科調査官〔特別活動〕
国立教育政策研究所教育課程研究センター研究開発部教育課程調査官

特別活動サークルや研究会での、たくさんの仲間や尊敬する先輩たちとの出会いにより、特別活動の素晴らしさを実感し大好きになる。大宮市立小学校、さいたま市立小学校、さいたま市教育委員会、さいたま市立小学校教頭勤務を経て、平成27年4月より現職。

## 稲垣 孝章  Inagaki Takafumi

埼玉県東松山市立松山第一小学校長

〔執筆者〕

| | |
|---|---|
| 吉沢　猛 | 埼玉県吉見町立南小学校教頭 |
| 鈴木 和也 | 埼玉県川島町立出丸小学校教頭 |
| 吉田 政子 | 埼玉県吉見町立西小学校教諭 |
| 中島 礼子 | 埼玉県東松山市立高坂小学校教諭 |
| 砂永 牧子 | 埼玉県東松山市立桜山小学校教諭 |

## 「みんな」の学級経営
伸びる つながる 1年生

2018(平成30)年3月22日 初版第1刷発行

編著者　安部恭子・稲垣孝章
発行者　錦織圭之介
発行所　株式会社 東洋館出版社
　　　　〒113-0021　東京都文京区本駒込5-16-7
　　　　営業部　TEL：03-3823-9206
　　　　　　　　FAX：03-3823-9208
　　　　編集部　TEL：03-3823-9207
　　　　　　　　FAX：03-3823-9209
　　　　振　替　00180-7-96823
　　　　Ｕ　Ｒ　Ｌ　http://www.toyokan.co.jp

［装　丁］中濱健治
［イラスト］おおたきまりな
［編集協力］株式会社あいげん社
［本文デザイン］竹内宏和（藤原印刷株式会社）
［印刷・製本］　藤原印刷株式会社

ISBN978-4-491-03495-9　　Printed in Japan

JCOPY ＜(社)出版者著作権管理機構 委託出版物＞
本書の無断複写は著作権法上での例外を除き禁じられています。
複写される場合は、そのつど事前に、(社)出版者著作権管理機構
(電話 03-3513-6969、FAX 03-3513-6979、e-mail: info@jcopy.
or.jp)の許諾を得てください。